KESTER SCHLENZ / TILL HOHENEDER

# DER KLEINE PHRASENDRESCHER
## SO SÜLZT DER MANN VON WELT

KESTER SCHLENZ / TILL HOHENEDER

# DER KLEINE PHRASENDRESCHER
## SO SÜLZT DER MANN VON WELT

Verlagsgruppe Random House FSC® N001967
Das für dieses Buch verwendete FSC®-zertifizierte Papier *EOS*
liefert Salzer Papier, St. Pölten, Austria.

Dieses Buch ist auch als E-Book erhältlich.

1. Auflage
© 2015 Wilhelm Goldmann Verlag, München,
in der Verlagsgruppe Random House GmbH
All rights reserved.
Umschlaggestaltung: zeichenpool
Layout, Vignetten und Satz: Katharina J. Haines
Druck und Bindung: CPI Moravia Books, s.r.o.,
Pohořelice, Czech Republic
Printed in Czech Republic
Kö · Herstellung: IH
ISBN 978-3-442-39281-0

www.mosaik-verlag.de

»Die erhabenste Art des Gefasels ist die vorgetäuschte Kenntnis über das unbeabsichtigte Gesprächsthema.«

*Phrasaximander, griechischer Philosoph, ca. 369 vor Christi*

»Ego suelzus, ergo sum.«

*Marcus Faselicus, Cathargo, 130 vor Christus*

»Latrinus labericus est!«

*Tullius Labercus, Rom, 25 nach Christus*

»Wer jedoch nicht das Faseln von der Kunst der gezielten wohlfeilen Phrase unterscheiden kann, der sollte schweigen.«

*Sülzkrates, 389 vor Christus – kurz bevor an einem abgebrochenem Holzstück seines Souvlaki-Spießes erstickte*

»Das größte aller Übel ist, aus der Zahl der Labernden zu scheiden, ehe man was gesagt hat.«
*Lucius Plauderus Simca.
22 nach Christus*

»Es ist mehr wert, jederzeit die Achtung der Gesprächspartner zu haben, als gelegentlich ihre Bewunderung.«
*Jean-Jacques Grancacques. 1799, Paris.
am Tresen des Louis-Quatorze-Eck*

»Ora et labera.«
*Benedikt von Nutria,
520 nach Christus*

»Sorge Dich nicht. Rede!«
*Papst Sülzifatius, der Dritte, erster böhmisch-
katholischer Papst. 1989 wurde er vierzehn
Stunden lang heilig gesprochen*

# INHALT

Ihr Mann. Gepflegtes Äußeres, gute Manieren, stilsicher, lässig und selbstbewusst. Beliebt, belesen und ein gern gesehener Gast bei jedem gesellschaftlichen Anlass. So weit Ihr Traum. Die Realität ist anders. Ihr Kerl ist schüchtern, und wenn er mal in Gesellschaft etwas anderes sagen soll außer »Ich würd wohl noch 'nen Bierchen trinken«, druckst er schüchtern rum und zuckt bloß hilflos mit den Schultern. Und haben Sie nicht neulich erst gedacht: Warum sagt er überhaupt etwas? Verzagen Sie nicht – mit diesem Buch wird alles anders. Bewundernde Blicke, anerkennendes Nicken oder einfach nur ehrfürchtiges Schweigen – gezählt sind die Tage, als das noch Reaktionen auf sein Trinkvermögen oder Ihre Geduld mit ihm waren. Wir bringen Ihr bestes Stück wieder auf Kurs. Ob Logik, Lagos oder Leggins – egal wie kompliziert das Gesprächsthema auch sein mag, – Ihr Mann weiß nach der Lektüre (hat er das nicht neulich noch mit Marmelade verwechselt?) dieses Buches Bescheid. Hier bekommen Sie kurz und knapp die besten Sprüche, lockersten Jokes, intelligentesten Zitate, die wertvollsten Phrasen und nur schwer zu widerlegenden Behauptungen für smarte Gesprächsrunden, bei denen Ihr Partner punkten kann. Und dazu gibt es jede Menge Grundlagenwissen über die faszinierende Welt der Kommunikation. Und auch noch zwei tolle Psychotests, die keine Fragen offenlassen.

Kennen Sie das? Dieses Gefühl, irgendwie von nix richtig Ahnung zu haben? Sie fühlen sich dumm und nutzlos? Ihre Partnerin verschraubt verzweifelt die Augen, wenn Sie in der Öffentlichkeit reden? Sie denken bei jedem Thema: Mann, warum kann ich nicht mitreden? Keine Angst, Sie sind nicht allein. Die Welt ist kompliziert. Keiner steigt richtig durch. Aber trotzdem gibt es ein paar smarte Top-Checker, die Meinungen absondern wie Schweiß. Die auf jeder Party im Mittelpunkt stehen. Die mit den schönsten Frauen nach Hause gehen, während Sie wieder nur mit Ihrem verranzten Steiff-Teddy in der Hand einschlafen. Verzagen Sie nicht. Ihre Tage als stiller Lulli sind gezählt. Ob Mao, Maoam oder Mau-Mau – egal, wie kompliziert das Gesprächsthema auch sein mag – Sie wissen nach dem Lesen dieses Buches Bescheid. Hier bekommen Sie kurz und knapp die besten Sprüche, lockersten Jokes, intelligentesten Zitate, die wertvollsten Phrasen und nur schwer zu widerlegenden Behauptungen für smarte Gesprächsrunden, bei denen Sie punkten wollen. Und zudem kriegen Sie hier – wenn Sie endlich mal was lesen, verdammt noch mal – auch noch jede Menge Grundlagenwissen über die faszinierende Welt der gelungenen Kommunikation. Das heißt »miteinander sprechen«. Und außerdem auch noch zwei tolle Psychotests, die keine Fragen offenlassen.

Herzlichst,
Ihre Autoren

# 01
# WARUM IST LABERN SO WIRKUNGSVOLL?

*Die Phrase ist die kleine Königin im Reich der Kommuni-*
*kation. Eine semantisch nahezu völlig entkernte Worthül-*
*se. Sie simuliert Inhalt. Sie klingt gut, hat aber meist*
*wenig oder fast gar nichts zu sagen. Oder aber der Phra-*
*selnde wiederholt kluge Gedanken anderer, ohne sie im*
*Ansatz zu verstehen. Muss er auch nicht. Die Phrase soll*
*blenden, Eindruck machen, Wissen vorgeben und man-*
*che Bildungs- und Gesprächslücke oder Lüge auch nur*
*dezent verhüllen.*

Im häufig emotional leeren, schwarzen Raum zwischen-
menschlicher Kommunikation sorgt die gut eingesetzte
Phrase für ein warmes soziales Hintergrundrauschen.
Wenn wir uns auf Firmenfeiern, Hochzeiten, runden
Geburtstagen oder anderen gesellschaftlichen Anlässen
mit vielen Unbekannten befinden und die meisten Gesprächspartner im Raum nicht gut oder kaum kennen,
stellen wir oft ernüchtert fest: Wir haben uns ja eigentlich
alle nicht allzu viel zu sagen, aber das daraus resultieren-
de Schweigen halten wir auch nicht aus. Der daraus oft
entstehende Smalltalk befasst sich dementsprechend mit
Themen, von denen der Gesprächsbeginnende der An-
sicht ist, sie könnten die Mehrheit der Anwesenden interessieren: Politik, Fußball, Kultur oder zum Beispiel Wein.
Aber wer hat schon wirklich Ahnung von Wein? (Wir,
die Autoren, zum Beispiel nicht!) Na ja, ein paar Brocken
zum Thema hat man vielleicht irgendwo einmal aufge-
schnappt. Um nicht als Hinterwäldler, Kulturbanausen
oder Vollidioten dazustehen, fangen wir also an, dieses
aufgeschnappte Pseudowissen im Gespräch zu benutzen.

Vereinfacht formuliert: Wir sülzen. Das Sülzen, auch Labern, Plaudern, Pumpen oder Phraseln genannt, ist von der Sprachwissenschaft bis heute wissenschaftlich nicht ausreichend untersucht worden. Linguistische Erklärungsmodelle wie die generative Transformationsgrammatik versagen hier beinahe vollständig. (Dieser Satz ist übrigens hier ernst gemeint, eignet sich aber auch hervorragend als Phrase. Lernen Sie ihn bitte gleich auswendig.) Wo waren wir? Ah ja, also die generative Transformationsgrammatik gibt es wirklich. Sie versucht modellhaft zu erklären, wie aus den Tiefen unserer Sprachkompetenz schließlich an der Oberfläche, also aus dem Mund heraus, sinnvolle Sätze entstehen. Da aber das Sülzen meist reines Labern ohne wirklichen semantischen Gehalt ist, versagen hier diese erprobten Modelle. Zwar gibt es beim Phrasendreschen selbstverständlich logisch klingende Aussagen, aber der Phrasendrescher will ja eigentlich keinen Inhalt transportieren, er will nur schön sprechen und gut dastehen.

Und das können Sie auch! Hören Sie auf, das Opfer Ihrer Bildungslücken zu sein. Setzen Sie Ihr gesundes Halbwissen geschickt ein. Fangen Sie endlich an, sämtliche Zweifel an Ihrer Eloquenz an den Nagel zu hängen. Was Franz Beckenbauer, der Kaiser des charmanten Plauderns ohne wirklichen Inhalt (»Man hat gesehen, dass die Holländer keine Brasilianer sind.«) kann, können Sie auch! Überlassen Sie das brutalstmögliche Dampfplaudern nicht mehr den Smarties dieser Welt. Vollgelabert werden – das war gestern. Ab heute wird zurückgesülzt!

Bevor wir nun zu den einzelnen Phrasen-Fachgebieten kommen, lassen Sie uns noch kurz ein paar grundsätzliche Dinge in Sachen Kommunikation klären. Besonders Männer neigen in Gesprächen, sofern man davon bei ihnen überhaupt sprechen kann, zu exzessiver Maulfaulheit. Vielen von ihnen ist das Sprechen so fremd, dass sie sogar die sogenannten Minimalbestätigungen weglassen. Minimalbestätigungen sind zustimmende und zum Weiterreden auffordernde Laute wie etwa »Aha«, »So, so«, »Hmm«, »Guck an« oder auch nur ein simples Kopfnicken. Man sollte sie nie weglassen, außer man macht es absichtlich, um andere aus dem Konzept zu bringen. Am Telefon ist das besonders lästig. Bleiben zustimmende oder auch ablehnende Minimalbestätigungen aus, denkt man, der andere habe aufgelegt oder sei plötzlich verstorben. Die richtige Minimalbestätigung ist sozusagen die kleine Schwester der Phrase, eine Art Phrasenzellkern. Mit Lauten nichts sagen, das aber auf die denkbar knappste Weise. Gerade wenn man gnadenlos von anderen vollgepumpt wird, das Gespräch aber nicht abbrechen kann, helfen Minimalbestätigungen, dem Gegenüber das Gefühl zu geben, er habe sich gerade wunderbar mit einem unterhalten. Sie können natürlich auch sagen:»Ich glaube, Sie brauchen mich eigentlich gar nicht, um sich mit mir zu unterhalten, ich lasse Ihnen hier mal ein Foto da.« Aber das wäre ja ein unfreundlicher Akt. Nein, wenn ab und an eine zünftige kleine Minimalbestätigung eingestreut wird, ist das wie Benzin für den Gesprächsmotor. Ihr Gegenüber kann zünftig weitersülzen, und Sie können auf Autopilot schalten.

Es reichen schon ein paar »Ach was?« oder »Guck an!«
und alles läuft wie am Schnürchen.

## MINIMALBESTÄTIGUNGEN

Wenn Sie nun nicht einfach nur höflich das Gespräch am
Laufen halten, sondern Ihrem Gesprächspartner ein richtig gutes Gefühl geben wollen, dann sollten Sie die Minimalbestätigungen für Fortgeschrittene anwenden (siehe
unten). Diese bringen eine höhere emotionale Ebene in
das Gespräch. Es sind rhetorische Umarmungen. Kleine
linguistische Likörchen, die runtergehen wie nix. Hier
ein paar Klassiker, die Sie alle gut zum Ölen von Gesprächen nutzen können:

### FÜR ANFÄNGER

»Hmm …«

»Tja …«

»Heijeijei …«

»Manometer!«

»Watt?«

»Oha!«

»Nee, ne?«

»Hammer!«

»Umphf …«

»Manno!«

»Menno!«

»Donnerknispel!«

»Scheibenkleister!«

»Heidewitzka!«

»Leckomio!«

»Herrschaftszeiten!«

»Donnerlittchen!«

»Heidenei!«

»Wow!«

»Mega!«

»Krass!«

»Heftig!«

»Geilomat!«

»Okay?«

»Ui(uijujujui)!«

## FÜR FORTGESCHRITTENE

»Alter Schwede!«

»Meine Herren!«

»Alter Falter …«

»Is ja 'n Ding!«

»Hast du Worte …?«

»Ach du dickes Ei!«

»Also wirklich!«

»Nein, so was!«

»Leute gibt's!«

»Junge, Junge!«

»Heiliges Kanonenrohr!«

»Gütiger Himmel!«

»Ja, leck mich fett!«

»Haste Töne?«

»Au Backe!«

»Sack Zement!«

»Gibt's doch nicht!«

»Oh haue haue ha.«

»Meine Fresse!«

»Teufel auch!«

»Du grüne Neune!«

»So isses!«

»Du kriegst die Motten!«

»Ich krieg die Krise!«

»Mach Sachen!«

»Mach keine Sachen!«

»Und ich sach noch ...«

»Man fasst es nicht!«

»Ich glaub, ich lüge.«

»Mein lieber Schwan!«

»Ja, leck mich ...«

»Na, Mahlzeit!«

»Nee, echt jetzt?«

»Mein lieber Scholli.«

»Mensch, Meier.«

»Leck die Ziege!«

»Is' nicht dein Ernst?«

»Holla die Waldfee!«

»Heilig's Blechle!«

»Er nun wieder!«

»Hol mich der Kuckuck!«

»Jesses, Maria und Joseph!«

**FÜR EXPERTEN**

»Alter, geht gar nicht ...«

»Aber hundertprozentig ...«

»Das können die doch nicht bringen ...«

»Ich schmeiß mich weg!«

»Ich spring ins Schwert!«

»Bei mir war es exakt dasselbe ...«

»Kenn ich, kenn ich!«

»Mein lieber Herr Gesangsverein!«

»Du haust aber auch Dinger raus ...«

»Ja, ja, man steckt ja nicht drin.«

»In was für einer Gesellschaft leben wir eigentlich?«

»Du bist mir ja vielleicht einer!«

»Da wird ja der Hund in der Pfanne verrückt.«

»Am Arsch hängt der Hammer!«

»Ich krieg Hörner!«

»Ich brech ins Essen!«

»Scheiß die Wand an!«

»Mach doch keine Sachen!«

»Ich glaub, mein Hamster bohnert!« *(veraltet)*

»Ich glaub, mein Grottenolm hobelt!«
*(nur unter Höhlenforschern)*

»Da boxt der Papst im Kettenhemd.« *(evangelisch)*

»Pikus heißt der Waldspecht!«

# 02
# GRUNDLAGEN FÜR ERFOLGREICHES DAMPFPLAUDERN.

*Bevor wir nun gleich mit ungeheurem Drive in äußerst komprimierter Form zu einzelnen Themenbereichen kommen, in denen wir Sie plaudertechnisch ausbilden wollen, gilt es ein paar grundsätzliche Dinge klarzustellen. Die Inhalte sind die Kür. Hier aber ist das Pflichtprogramm, das Sie als erfolgreicher Smalltalker und Top-Checker-Darsteller einfach draufhaben müssen.*

## DIE RICHTIGE MIMIK

Bevor Sie reden, müssen Sie das richtige Gesicht machen. Keine großen Augen, kein unsicheres Zittern um die Mundwinkel. Nein, machen Sie zum Beispiel die EXPERTENFRESSE. Blicken Sie Ihrem Gegenüber fest ins Auge. Blinzeln Sie nicht. Lächeln Sie sparsam. Das fällt Ihnen schwer? Sie sind oft so furchtbar unsicher? Macht nix. Kennen wir. Das muss eisenhart überspielt werden. Stellen Sie sich einfach vor, Ihr Gegenüber lässt abends beim Einschlafen auch das Licht im Flur an und schläft nur mit seiner »Sandmännchen«-Kassette ein.

Verwandt mit der EXPERTENFRESSE ist das POKERFACE. Hier darf gar nicht mehr gelächelt werden. Sprechen Sie mit einem Gesicht, das von völliger Ausdruckslosigkeit gezeichnet ist. Richtige Laberprofis wissen: Keine Antwort ist auch eine Antwort – und niemand kann auf die Schnelle einschätzen, ob Sie ein Checker sind oder einfach nur keine Ahnung haben. Denken Sie an den Terminator oder stellen Sie sich einfach vor, man hätte Ihre Rübe komplett schockgefroren. Genau so cool müssen Sie rüberkommen.

Einen ganz anderen Ansatz verfolgt der Gesichtsausdruckstyp GÜTIGER GROSSONKEL. Hier gilt es, dem anderen mit einem bräsig-seligen Dauerlächeln und völlig entspannten Gesichtszügen das Gefühl zu geben, er sei ein kleines Kind, das zu einem sehr viel älteren, weisen Verwandten spricht. Der GÜTIGER GROSSONKEL ist sehr wirkungsvoll und kann andere schier in den Wahnsinn treiben, erfordert aber höhere mimische Fertigkeiten, die Sie (bitte allein) gut vor einem Spiegel trainieren mögen.

Einer der schwierigsten – und damit bitte auch nur vom absoluten Phrasendrescherprofi einzusetzende Gesichtsausdruck – ist der leicht spöttische, dominant überlegene und gleichzeitig angewiderte DU-VOLLPFOSTEN-HAST-KEINE-AHNUNG-KILLERBLICK. Die Mundwinkel zucken amüsiert, der Blick der Augen ist weit offen und dokumentiert die ungläubige Fassungslosigkeit über den gerade vernommenen Schwachsinn, und eine Augenbraue ist hochgezogen bis zur ersten, strengen sowie Verachtung ausdrückenden Stirnfalte. Diesem Blick muss eine absolute K.o.-Phrase folgen. Das kann ein Kalauer, ein erhabenes Zitat oder eine dreiste intellektuelle Phrase sein – wichtig ist nur, dass danach jedem in der Gesprächsrunde klar wird, dass Sie der Chef an der Verbal-Flak sind.

## DIE RICHTIGE KÖRPERSPRACHE

**Stehen Sie doch mal gerade! Drehen Sie Ihre Füße nach außen und bilden ein »V«, sonst hält Sie jeder ordentliche Mann gleich für eine verweichlichte Husche. Ver-**

schränken Sie die Arme gebieterisch vor Ihrer Brust und legen Sie den Kopf etwas in den Nacken. Stehen Sie fest auf dem Boden, quasi in Kampfstellung. Falls Sie nicht wissen, wovon wir hier überhaupt sprechen, schauen Sie sich einfach ein paar Filme mit Clint Eastwood an. Eine Ausnahme ist der Gesichtsausdruck GÜTIGER GROSS-ONKEL. Wenn Sie den einsetzen, müssen Sie eine sackartige, extrem entspannte Haltung einnehmen und den Kopf etwas senil seitlich wegknicken lassen.

## DER RICHTIGE TONFALL

Merken Sie sich: Sie sind kein Sittich. Sie dürfen nicht piepsen. Besser ist es, wenn Sie brummen. Sprechen Sie also stets eine Oktave tiefer als sonst. Wie Batman, nur ohne Cape. Sprechen Sie langsam und mit der richtigen Betonung. Vermeiden Sie zu lautes Sprechen. Wer etwas Wichtiges zu sagen hat, ist gewohnt, dass seine Gesprächspartner ehrfurchtsvoll lauschen. Das Gleiche gilt also auch für nur scheinbar wichtige Aussagen. Auch hier sind Western mit Clint Eastwood eine gute Schulungsmöglichkeit. Denn der hat einmal etwas gesagt – und wer es dann nicht kapiert hatte, der wurde einfach erschossen.

## DIE RICHTIGE ERÖFFNUNG

Vermeiden Sie relativierende Gesprächseröffnungen wie »Also, ich weiß ja nicht, was ihr meint, aber ...« oder »Ich denke ...« – das sind absolute Tabus. Ebenfalls daneben sind zustimmungsheischende Schwächeleien à la »Meint ihr nicht auch, dass ...« Das ist alles Mist und eines smarten

Phrasendreschers unwürdig. Auch viel verbreitete und verunsichert klingende Bekundungen wie »Ich will ja nicht stören« oder »Falls jemand meine Meinung mal hören will« haben den Geschmack der Gesprächslusche am Gaumen. Komplett indiskutabel ist jedoch das leider viel verkündete »Ich sag mal« und das nicht minder entsetzliche »Also, ich sag mal so«. Denken Sie doch mal selber darüber nach, wie unsinnig es ist »Ich sag mal« zu sagen, wenn Sie dann etwas sagen. Natürlich sagen Sie »was«, dass ist ja nicht zu überhören. Ganz klar: Wer am Anfang der Nahrungskette steht, eröffnet ohne Zweifel und mit Führungsanspruch in der Stimme: »Die Sache ist die …«, »Ich kann dir ganz genau sagen …«, »Es besteht doch kein Zweifel daran, dass …« oder »Wir Experten sind uns einig, dass …«. Entgegnungen beginnen je nach Bedarf immer mit einem Spruch oder Zitat aus unseren Themengebieten.

»Ich bin der festen Überzeugung…«

»Ihr könnt alle labern, was ihr wollt…«

»So, jetzt mal zum Mitschreiben…«

»Ich habe mir euren Unsinn lange genug angehört…«

»Wer hat denn diesen Unfug erzählt…«

»Wenn ich noch einmal höre…«

»Blödsinn!«

»Quatsch mit Soße!«

»Bullshit!«

»Das glaubst auch nur du…«

**VERMEIDEN SIE UNBEDINGT SÄTZE, DIE MIT FOLGENDEN WÖRTERN BEGINNEN:**

»Na ja…«

»Vielleicht…«

»Interessant…«

»Schon möglich…«

»Unterbrecht mich…«

»Haltet mich nicht für…«

»Kann es sein…«

»Normalerweise…«

»Komisch…«

»Entschuldigung, aber…«

# 03
# SÜLZKLASSIKER –
# ALLGEMEINE PHRASEN
# FÜR JEDE GELEGENHEIT.

*Hier wollen wir Ihnen jetzt das phraseologisch nötige Rüstzeug für themenbezogenes Sülzen an die Hand geben. Ob Literatur, Whisky, Naturwissenschaft, Medizin oder Aktien – hier sind die Basics für die wichtigsten Themen, die Sie – geschickt eingesetzt – zum leidenschaftlichen und überzeugenden Laberer werden lassen. Bevor wir nun zu den einzelnen Sülzbereichen kommen, liefern wir Ihnen hier aber noch (sozusagen zum Anwärmen) eine Topliste allgemeiner Phrasen, dämlicher Floskeln und himmelschreiend abgedroschener Allgemeinplätze, die man beinahe immer in Diskussionen, beim Smalltalk oder »einfach nur mal so« einstreuen kann. Voilà – unsere All-Time-Favorites:*

## KATEGORIE A

### FEIERLICHE ANLÄSSE MIT BETEILIGUNG VIELER LEUTE ÜBER 70 JAHRE

»Uns hat auch keiner was geschenkt.«

»Das war früher ein Arme-Leute-Essen! Heute kost' das ein Vermögen!«

»Wir hatten ja nix.«

»Wir waren als Kinder ja noch richtig draußen.«

»Wenn wir so rumgerannt wären – links und rechts hätte es was gesetzt.«

»Das hätte es doch früher nicht gegeben.«

»Das war mal viel Geld.«

»Ich kann mich an keinen Sommer mit Regen erinnern.«

»Das muss man sich mal umrechnen: Das sind 120 Mark!«

»Es repariert ja heute keiner mehr was.«

»Früher war hier ja alles Wiese!«

»Die wissen doch gar nicht, was richtig gut ist.«

»Die Zeit rennt!«

»Kinder, wie die Zeit vergeht.«

»Das sind wir alles zu Fuß gelaufen.«

## KATEGORIE B
### ALLGEMEINES ZUR POLITIK

»Obama hat mich enttäuscht!«

»Das wird man ja wohl noch mal sagen dürfen.«

»Merkel sitzt ja alles aus.«

»Die da oben machen doch, was sie wollen.«

»Politik muss gestalten.«

»Da muss eine alte Frau lange für stricken.«

»Politik besteht nun mal aus Kompromissen.«

»Ich bin ja nun wirklich tolerant, aber irgendwo muss doch auch mal Schluss sein.«

»Arbeitsplätze. Wir brauchen Arbeitsplätze!«

»Putin ist ja unberechenbar!«

»Gerade wir Deutschen sollten uns hier wegen unserer Geschichte zurückhalten.«

»Am Schluss werden die Toten gezählt.«

»Volksverarschung ist das.«

»Immer schön in die eigene Tasche.«

»Ja, wenn es um höhere Diäten geht – da sind sie sich alle einig!«

»Das sollte mal einer von uns machen – den hätten sie ruck, zuck an den Hammelbeinen.«

»Wehner, Strauß und so – das waren noch Typen!«

## KATEGORIE C
### KULTUR IM ALLGEMEINEN

»Für die Quote tun die ja alles!«

»Das hat doch mit Theater nichts mehr zu tun, das ist Pornografie.«

»Wussow war nicht nur Schwarzwaldklinik.«

»Ich hab den/die Penner nie gemocht.«

»Billig ist die, schlicht und einfach billig.«

»Für Geld machen die doch alles.«

»Und alles von unseren Gebühren.«

»Sean Connery war der beste Bond.«

»RTL – rammeln, töten, lallen.«

»Wenn ich mich nackt auf den Marktplatz stelle, sehen mich mehr Leute!«

»Ich seh die Christiane Hörbiger immer so gerne.«

»Dass der Jauch das nötig hat!?«

»Das ist doch keine Musik, so was!«

»Achtzig Millionen? Das malt dir meine kleine Tochter in fünf Minuten.«

»Der Kerkeling hat aber ganz schön zugelegt.«

»Der Gottschalk ist aber alt geworden.«

## KATEGORIE D
### SITTE, MORAL, BESCHEIDENHEIT

»Alle in einen Sack, Knüppel drauf – triffste immer den Richtigen!«

»Der Islam hatte halt keine Aufklärung.«

»Bildung, ich sage immer wieder: Bildung!«

»Was Menschen einander antun!«

»Ein bisschen mehr Demut tät uns allen gut.«

»Ich muss nicht jeden Tag Fleisch essen.«

»So ein schönes Stück Brot mit Leberwurst. Mehr braucht man doch gar nicht!«

»Es braucht so wenig.«

»Der kleine Mann ist ja immer der Dumme.«

»Geld ist nicht alles.«

»Hauptsache gesund.«

»Kinder sind ja so unverbraucht.«

»Und das alles von unseren Steuergeldern.«

»Die verarschen uns doch alle nach Strich und Faden!«

»Du kannst nix mitnehmen.«

## KATEGORIE E
### SPORT

»Das hat doch alles mit Fußball nix mehr zu tun.«

»Im Fußball ist alles möglich.« *oder:*

»So ist Fußball eben.«

»Da kannst du Trainer sein, wer du willst.«

»Der Pokal hat seine eigenen Gesetze.«

»Deutschland ist eine Turniermannschaft.«

»Ich kann dir genau sagen, was der Löw falsch macht.«

»Ja, im Kreis Autofahren kann ich auch.«

»Die kriegen Millionen, dann sollen sie auch mal dafür laufen.«

»Geht nur noch um Geld.«

»Dabei sein ist alles.«

»Zweiter ist Scheiße.«

»Die kochen auch nur mit Wasser.«

»Für die Kohle stell ich mich auch aufn Platz!«

»Das ist doch kein Sport.« *(Biathlon, Eistanz, Synchron-schwimmen)*

## ENTSCHULDIGUNGEN UND VERALLGEMEINERUNGEN

»Das liegt an der Klimaerwärmung ...«

»Man wird doch wohl mal mittags ein Bier trinken dürfen.«

»Als ob das immer alles so ginge!«

»Alle besch... kloppt.«

»Der Finne ist tückisch!«

»Kennze einen, kennze alle.«

»Wenn du damit mal hinkommst ...!«

»Ich sag's dir ganz ehrlich: den/der/die/das wollt ich nicht geschenkt haben.«

»Da beißt die Maus keinen Faden ab.«

»Glaub mir, ich kenn die Brüder.«

»Das hätte ich dir/euch/ihm/ihr/denen gleich sagen können.«

## KATEGORIE G

### ARBEIT

»Dem würd ich was husten!«

»Weißt du, was ich dem gesagt habe?«

»Morgen hau ich da mal richtig auf den Tisch.«

»Die können mich alle mal.«

»Aber mich fragt ja keiner.«

»Die werden sich am Ende noch ganz doof umgucken.«

»Kollege kommt gleich.«

»Die Arbeit hat der/die auch nicht erfunden.«

»Wenn das mein Laden wär …«

»Wer Kollegen hat, braucht keine Feinde.«

»Ohne Englisch kommste heute nicht mehr weit.«

»Ging doch früher auch ohne Computer.«

»Da müsst ich ja schön bescheuert sein …!«

»Da krieg ich ja vom Amt das Doppelte.«

»Ich mach mich doch für die nicht kaputt.«

»Für Freitag nehm ich mir 'nen gelben Schein.«

# 04
# DIE FACHBEREICHE.

*Bis jetzt war alles nur Vorspiel. Natürlich kann man sich mit den allgemeinen Phrasen ab und zu ganz passabel aus der Affäre ziehen. Aber wer beim Plaudern oder bei gesellschaftlichen Gesprächsrunden wirklich glänzen will, braucht nicht nur ein gesundes Halbwissen zu einzelnen Fachthemen, sondern auch eine Menge intellektueller Phrasen, erhabener Zitate, entlastender Kalauer oder erfundener Fachbegriffe, um seine Gesprächspartner – ob männlich oder weiblich – nachhaltig zu beeindrucken. Und da im dichten Dschungeldickicht des Halbwissens so manche Falle lauert, klären wir Sie in jedem Fachbereich mit der Rubrik »Achtung, falsche Hasen & Phrasen« auch gleich noch über die peinlichsten Irrtümer auf.*

## 01. WHISKY

Ob alternde Hippie-Glatzköpfe mit Pferdeschwanz, Manager, Studienräte oder Vollzeitalkoholiker: Whisky ist das In-Getränk. Sagen zumindest die, die Unsummen für eine Flasche Single Malt ausgeben. »Single« bezeichnet übrigens lediglich einen Whisky, der ausschließlich aus den Produkten einer Destillerie hergestellt wurde. Je teurer der Whisky, desto unaussprechlicher der Name. Fangen Sie auf einer Party nie von selber mit dem Thema Whisky an. Die Gefahr, die Namen der Marken falsch auszusprechen, ist einfach zu groß. »Racke Rauchzart«, ein Whisky deutscher Herkunft, geht ja in Sachen Aussprache noch. Aber Uigeadail, Corryvreckan und Auchentoshan verlangen eine sichere Zunge. »Laphroaig« und »Lagavulin« sind übrigens auch Single Malts. Sie klingen wie

Geschlechtskrankheiten und schmecken auch so. Falls Sie beim Whiskytalk ins Schlingern geraten, sollten Sie schnell auf folgenden Zungenbrecher ausweichen und Ihre Zuhörer auffordern, Ihn dreimal schnell hintereinander zu wiederholen: »Der Whiskymixer mixt Whisky in seinem Whiskymixer. Whisky mixt der Whiskymixer in seinem Whiskymixer.«

## INTELLEKTUELLE PHRASEN

»Der *Laphroaig* ist mir zu torfig.«
»Es gibt keinen schlechten Whisky, manche sind nur besser als andere.«

## ERHABENE ZITATE

»Oh du, meine Muse, guter alter schottischer Trank!
Feure mich an, bis ich stammelnd und zwinkernd deinen Namen preise!« *(Robert Burns)*
»Ein Glas ist fabelhaft, zwei sind zu viel, drei sind zu wenig.« *(schottisches Sprichwort)*

## ENTLASTENDE KALAUER

»Wer Whiskey mit Eis trinkt, schnüffelt auch Uhu.«
»Jack Daniels selber trank nur Pils.«
»Einen Whisky bitte!« – »Dry?« – »Nee, erst mal nur einen.«

## ACHTUNG! FALSCHE HASEN & PHRASEN

*Bunnahabhain* ist kein algerischer Hassprediger, sondern ein achtzehn Jahre alter Single Malt.
Auch Verheiratete dürfen einen *Single Malt* trinken.

»*Kilkerran* kenn ich. Hab ich bei Whiskypedia drüber gelesen.«

»Das kann ja sein, aber der *Old Pulteney 21* war wirklich der Lieblingswhisky von Prinzessin Diana, wenn sie scharf war.«

## DER ERFUNDENE FACHBEGRIFF

*Brunolabbadia* – besonders von Sportlern geschätzter Whisky

*Uggavullin* – afrikanischer Single Malt

# 02. GRAMMATIK UND RHETORIK

Grammatik. Das war neben Mathe und Chemie die Pest in der Schule. Quasseln kann ja jeder, aber wer will schon wissen, nach welchen Regeln unsere dahingelaberten Sätze gebaut werden? Richtig, nur der Deutschlehrer. Und beim Wort Rhetorik, der Lehre von der Redekunst, scheitert man ja schon an der Rechtschreibung. Doch Obacht – gerade weil der normale Deutsche sprachtheoretisch ein Depp ist, lauert hier die perfekte Gelegenheit, beim Smalltalk aufzutrumpfen. Was gibt es Schöneres, als auf einer Party andere Dampfplauderer zu korrigieren? Oberstes Gebot ist also: Sie dürfen sich nur nicht blamieren und eigene grammatikalische Lücken in der Größe des Grand Canyons erkennen lassen. Wenn etwa vom Genitiv die Rede ist, dann handelt es sich nicht um die Aufforderung, nicht zu tief ins Wasser zu gehen, sondern um einen Kasus. Kasus? Ist das nicht diese unsichere Bergregion im

Osten? Nein, das ist der Kaukasus. Wenn Sie übrigens mal echt Eindruck schinden wollen in einem Gespräch, dann benutzen Sie den Konjunktiv 2. Der wird auch Konjunktiv Irrealis genannt und kann zum Beispiel auf schlau klingende Weise Wünsche formulieren. So wie in »Käme doch ein Rocker herbei und schlüge die Verfasser dieses Buches nieder!«

## INTELLEKTUELLE PHRASEN

»Die Gastgeber sind in meinen Augen ein Oxymoron.«
»Goethe selber sprach zu Hause nur in halben Sätzen.«

## ERHABENE ZITATE

»Die Muttersprache zugleich reinigen und bereichern, das ist das Geschäft der besten Köpfe.« *(Goethe)*
»Das Leben ist zu kurz, um Deutsch zu lernen.« *(Oscar Wilde)*

## ENTLASTENDE KALAUER

»Mit Präsens kann man nicht verhüten.«
»Nicht jeder Gliedsatz ist erotisch.«
»Der Komparativ ist schwerer zu lernen wie der Superlativ.«
»Mein Zahnarzt hat nichts gegen Parenthese.«
»Sie haben aber ein kleines Satzglied.«

## ACHTUNG, FALSCHE HASEN & PHRASEN

*Zins- und Lombardsätze* gehören ins Finanzwesen und nicht in die Sprachwissenschaft.
Eine *Interjektion* schützt nicht vor Tetanus.
Wer ein *Verb* beugt, ist noch lange kein Unterdrücker.

»Aber einen Satz heiße Ohren, denn verstehst du, oder?«
»Ist es Dativ?« – »Nee, da kannste stehen.«

*Klomp* – sehr kurzer, schnell vorgetragener Ausruf
*Falbsatz* – Nebensatz, der Langeweile ausdrückt

## 03. WEIN

Wein ist mittlerweile Mainstream geworden, und der Weinkühlschrank, aus dem der Gastgeber wichtigtuerisch »einen herrlichen Bordeaux« kredenzt, darf in keinem Bildungshaushalt fehlen. Sie mögen keinen Wein? Egal. Beim Partytalk machen Sie nichts falsch wenn Sie den ausgeschenkten Wein auf Nachfrage mit erfreutem Gesicht als »amtlich« oder »grundsolide« beurteilen. Wenn Sie in einem guten Restaurant nicht zielsicher und weltmännisch die Weinkarte dechiffrieren können – nicht schlimm! Auch hier gilt: Bestellen Sie grundsätzlich nichts, was Sie nicht fehlerfrei aussprechen können. Fragen Sie den Kellner mit Pokermine herausfordernd, was er denn empfiehlt. Obacht – ordern Sie nie ein Glas vom Hauswein. Damit outen Sie sich praktisch als Abschmecker der städtischen Klärgrube. Alles, was Ihnen nicht schmeckt, lassen Sie sofort beim Kellner zurückgehen mit einem tadelnden »Schöne Grüße auch an Käpt'n Kork«. Wenn der Ober daraufhin süffisant erwidert, dass der Wein nicht korken kann, weil er einen Schraubverschluss hat, dann kontern Sie lässig mit einem souveränen: »Dann schraubt er eben!«

»Wein – der Fetisch der Bedeutungslosen.«

»Dieser Tropfen ist mir zu unentschlossen.«

»Keine Reintönigkeit und im Abgang enttäuschend.«

## ERHABENE ZITATE

»Wein ist die Nachtigall unter den Getränken.« *(Voltaire)*

»Am Rausch ist nicht der Wein schuld, sondern der Trinker.« *(Kung Fu Tse)*

»Weinkarte, wenn mit Phantasie gelesen, ist fast so schön wie wirklich voll gewesen.« *(Carl Zuckmayr)*

## ENTLASTENDE KALAUER

»Wein vom Discounter – von deutschen Winzern mit Zucker auf Trinkstärke herabgesetzt.«

»Der schmeckt ja wie Chateau Domestos.«

»Herr Ober, bitte eine Sackkarre: Der Wein ist zu schwer.«

## ACHTUNG, FALSCHE HASEN & PHRASEN

Wenn Sie zu einer *Weinprobe* geladen werden, müssen Sie dort nicht sofort losheulen.

*Pinot Grigio* ist nicht verwandt mit Pinot Colada.

*Parker-Punkte* sind kein Payback-System für verschlissene Bundeswehranoraks.

## SITUATIVES PHRASELN

»Wie viel Umdrehungen hat denn der Rothschild?«

»Herr Ober, ich bin enttäuscht von der Weinkarte. Haben Sie wenigstens Küstennebel?«

*Pikantieren* – das Mischen verschiedener schlechter Weine

*Traubensack* – Ausbuchtung unterm Auge bei starken Weintrinkern

*Saufignon* – billiger Fusel zum vorsätzlichen Zuschütten

# 04. NATURWISSENSCHAFT

Okay, das ist eigentlich kein richtiges Smalltalkthema, denn naturwissenschaftliche Kenntnisse werden selten in privaten Gesprächsrunden oder auf Hochzeitspartys abgefragt. Aber seitdem »Denken« wieder sexy ist, sollten Sie wenigstens ein bisschen mitreden können. Leider haben Sie überhaupt keine Ahnung von Mathe, Chemie, Bio und Physik, stimmt's? Sie halten Voltaire für ein Strommessgerät und Leibniz für einen Butterkeks. Da wird es richtig schwer für Sie zu punkten. Aber: gerade weil hier kaum einer Ahnung hat, eignen sich die Naturwissenschaften hervorragend für krude Behauptungen, steile Thesen und hohle, aber wohlklingende Phrasen. Ein leicht schmunzelndes »Marie Curie hat ja die Currywurst erfunden« und schon haben Sie die Lacher auf Ihrer Seite. Zwei, drei davon locker-lässig rausgehauen – und schon halten Sie alle für Einsteins smarten Enkel.

**INTELLEKTUELLE PHRASEN**

»Darwin selber war ja schwul.«

»Eine direkte Folge der Zeitdilatation ist die gravitative Rotverschiebung.«

»Physik ist wie Sex. Beide können interessante Ergebnisse hervorbringen, aber das ist nicht der Grund, weshalb wir Spaß daran haben.« *(Richard Feynman)*

»Die Oberfläche einer Kugel ist eine 2-dimensionale Fläche, die krumm im 3-dimensionalen Raum liegt.« *(Lehrbuch der Physik)*

## ENTLASTENDE KALAUER

»Chemie ist das, was kracht und stinkt. Physik ist das, was nie gelingt.«

»Der Doppler-Effekt kommt nicht nur vom Saufen.«

»Die Chemie zwischen uns stimmt. Wir sollten eine organische Verbindung eingehen.«

## ACHTUNG, FALSCHE HASEN & PHRASEN

*Neutrinos* sind nicht Menschen, denen Sex egal ist – es handelt sich vielmehr um elektronisch neutrale Elementarteilchen mit geringer Masse.

*Quantenmechanik* ist keine Fußpflege, sondern eine physikalische Theorie zur Beschreibung der Materie, ihrer Eigenschaften und Gesetzmäßigkeiten.

*Newton* hat keine nackten Weiber fotografiert – zumindest nicht Sir Isaac –, das war der naturwissenschaftlich nicht relevante Helmut Newton.

Eine *Erbinformation* ist keine Testamentseröffnung, sondern bezeichnet das, was in unseren Genen steckt.

*Quarks* sind keine Milchprodukte, sondern Elementarteilchen.

»Eine Nacht mit mir ist wie der Urknall.«

»Higgs-Boson!« – »Macht nichts. Sie dürfen ruhig aufstoßen.«

*Glinse* – optisches Gerät zum Erkennen von Schambehaarung an Filzläusen

*Tittel* – Erhebung auf der Oberfläche von Kometen

*Supernova Meier-Henrich* – deutsche Physikerin

## 05. MALEREI

Hand aufs Herz – wissen Sie genug über die wichtigsten Künstler? Van Gogh – ein holländischer Drehtabak oder ein einohriger Durchgeknallter, der gut Blumen malen konnte? Neo Rauch – ein Vertreter der Leipziger Schule oder der Vorsitzende der deutschen Tabakinnung? Paul Klee – ein Maler oder ein Gärtner? Picasso – ein Kartenspiel oder ein großer Künstler? Rembrandt – ein Maler oder ein Cognac? Wie, das wissen Sie nicht? Dann wird es höchste Zeit, dass Sie ein bisschen Ahnung von dem komplexen Thema Kunst bekommen. Oder wollen Sie auf der nächsten Vernissage wieder von der hübschen, brünetten Galeriebesitzerin mitleidig angeschaut werden? Im Grunde müssen Sie ja auch gar nichts wissen, denn in Sachen Kunst lässt sich viel Unwissen immer noch mit einem lockeren »Interessant, ist aber nicht mein Ding« oder »Erlaubt ist, was gefällt« aus der Welt labern. Kunst ist zwar kompliziert, aber gerade, weil so viel möglich ist, müssen Sie nur ein oder zwei Phrasen richtig einsetzen, und Sie können beruhigt jede Plauderei zu diesem Thema bestreiten.

## INTELLEKTUELLE PHRASEN

»Richter findet sich ja selbst zu teuer.«

»Das Gegenständliche ist mir zu abstrakt.«

»Der Dalai Lama hat gar keine Bilder.«

»In Baselitz' Werk muss man sich kopfüber reinstürzen.«

»Michelangelo selber war ja schon lange vor seinem Erfolg aus der Kirche ausgetreten.«

## ERHABENE ZITATE

»Ein Künstler ist jemand, der Dinge herstellt, die Menschen nicht brauchen.« *(Andy Warhol)*

»Wir haben die Kunst, damit wir nicht an der Wahrheit zu Grunde gehen.« *(Friedrich Nietzsche)*

## ENTLASTENDE KALAUER

»Egon Schiele hatte Augenprobleme.«

»Die Sixtinische Kapelle – auch heute noch 'ne tolle Band.«

»Die erste Beuys-Group hieß Joseph.«

»Nun lasst doch mal die Kirche Immendorff!«

»Punktmalerei geht vor Strichmalerei.«

## ACHTUNG, FALSCHE HASEN & PHRASEN

*Trompe l'oeil* ist kein bizarres Blasinstrument, sondern illusionistische Malerei.

*Turner* war nicht gut in Handstand und Rolle vorwärts, sondern ein genialer britischer Impressionist.

Auf einer *Radierung* kann man trotzdem noch was sehen.

Für *Installationen* braucht man keinen Klempner.

## SITUATIVES PHRASELN

»Irrwitzig, dieser Strich!«

*(Geht immer bei bildender Kunst)*

»Ich glaub, das Bild ist von Gustav Mahler.«

## DER ERFUNDENE FACHBEGRIFF

*Bubuismus* – sehr naive Malerei

*Knickbommel* – Perspektivenwechsel in einem Bild

*Imprägnissionismus* – Farbiges Imprägnierspray wird auf eine Leinwand aus Schuhleder gesprüht. Bekanntester Vertreter: Rex Erdal

## 06. GESELLSCHAFTSSPIELE

Der Klassiker unter den Partyfettnäpfen. Schon leicht betrunken beschließt der intelligente, aber leider oft unattraktive Gastgeber einer fröhlichen Runde die anwesenden attraktiven Singlefrauen mit einer lockeren Runde »Trivial Pursuit« wenigstens mit seiner Intelligenz zu beeindrucken. Vorsicht! Da können Sie als wandelnde Bildungslücke schnell zum Gespött werden. Denken Sie immer daran, dass man Frauen nicht mit der korrekten Höhe des Mount Everests überzeugt, sondern mit gutem Aussehen und Humor. Lachen Sie also viel, und raten Sie munter drauflos. Dann ist es nicht ganz so peinlich, wenn man beim »Wer wird Millionär« Tai Ginseng mit Tensing Norgay verwechselt: Tai Ginseng ist ein Nerventonikum. Der weltberühmte Sherpa Tensing Norgay war als Erster auf dem Gipfel des Everests, aber nicht mit Hillary Clinton, sondern mit einem gewissen Sir Edmund Hillary. Ein guter Rat zum Schluss: Spielen Sie möglichst immer im Frauenteam mit, denn attraktive Frauen hassen nichts mehr als Männer, die verbissen und großkotzig mit ihrem Halbwissen protzen.

## INTELLEKTUELLE PHRASEN

»Wer spielt, arbeitet nicht.«

»Gandhi selber mochte *Mensch ärgere dich nicht* nur, wenn man ihn gewinnen ließ. Sonst hat er einfach nichts mehr gegessen.«

## ERHABENE ZITATE

»Im Spiel verraten wir, wes' Geistes Kind wir sind.« *(Ovid)*

»Gott würfelt nicht.« *(Albert Einstein)*

»Das Spiel ist die erste Poesie des Menschen.« *(Jean Paul)*

## ENTLASTENDE KALAUER

»Pingpong sollte man nicht mit offenem Mund spielen.«

»Die Reise nach Jerusalem hat einen zionistischen Hintergrund.«

»*Beamten-Mikado* – Wer sich zuerst bewegt, hat verloren.«

»Ich wollte eigentlich Memory spielen. Hab ich aber vergessen.«

*Die Siedler von Satan* ist kein Spiel für Teufelsanbeter.
Das Spiel heißt *Die Siedler von Catan*.

*Ringelpiez mit Anfassen* ist ein Kreistanz und nicht etwa
Oberweitenbefummeln der Sitznachbarin.

Die neue CD von *Cluedo* gibt's nicht. Der Mann heißt
Clueso.

Wer *Backgammon* spielt, muss nix von Kuchen verstehen.

**SITUATIVES PHRASELN**

»Ich möchte lösen.« *(auf der Toilette)*

**DER ERFUNDENE FACHBEGRIFF**

*Fang den Hut nicht* – Brettspiel für Einarmige
*Schmeiß den Bumerang weg!* – zermürbendes Spiel bei
Aborigines

# 07. INTELLIGENZ

Herzlichen Glückwunsch! Warum mussten Sie denn
bloß wieder auf den verdammten Intelligenztest in der
FAZ-Beilage hereinfallen? Den Ausdruck »graue Zellen«
kannten Sie doch bisher nur von Ihrer RTL-Lieblingsse-
rie »Hinter Gittern«. Den IQ, den Intelligenzquotient, verwechseln Sie immer noch regelmäßig mit Ihrer Lieblings-
illustrierten GQ – weil Sie sich auch da hauptsächlich nur
die Bilder angucken. Bedenken Sie: Für ein erfolgreiches
Phrasendreschen ist das Thema Intelligenz ein hochexplo-
sives Minenfeld, also überprüfen Sie immer, ob sich Ihr
Einsatz rentiert. Wen wollen Sie beeindrucken? Wollen

Sie mit einer attraktiven Blondine oder Stephen Hawking ins Bett? Oder doch nur ein bisschen an der scharfen Psychologiestudentin rumschrauben? Dann helfen Ihnen eher Charme und eine gute Flasche Prosecco – aber nicht ein IQ-Wert zwischen Hausschwein und Knäckebrot.

## INTELLEKTUELLE PHRASEN

»Künstliche Intelligenz ist besser als natürliche Dummheit.«

»Wer vorsätzlich dumm handelt, braucht dafür keine Intelligenz.«

»Intelligenz ist gerecht verteilt – jeder meint, genug davon zu haben.«

## ERHABENE ZITATE

»Intelligenz macht schüchtern.« *(Erasmus von Rotterdam)*

»Intelligenz ist die Fähigkeit, seine Umgebung zu akzeptieren.« *(William Faulkner)*

»Intelligenz lässt sich nicht am Weg, sondern nur am Ergebnis feststellen.« *(Garri Kasparow)*

## ENTLASTENDE KALAUER

»Jeden Tag Buchstabensuppe macht auch nicht klüger.«

»3x3 macht 6.« *(Pippi Langstrumpf)*

»Gefühle helfen hier nicht weiter: Man muss das ratiopharm sehen.«

## ACHTUNG, FALSCHE HASEN & PHRASEN

Ein *Klugscheißer* ist nicht jemand, der mit jedem Stuhlgang dümmer wird.

*Gehirnwäsche* schützt nicht vor schmutzigen Gedanken.
Ein *Weisheitszahn* macht noch keine Intelligenz.
*Hochbegabte* sind nicht nur auf Bergen schlau.

### SITUATIVES PHRASELN

»Was sagen Sie als Außenstehender zum Thema Intelligenz?«

### DER ERFUNDENE FACHBEGRIFF

*Schmierlappen* – Hirnareal für ranzige Komplimente

*Rohrschach-Test* – das Spiel mit erigiertem Penis zu Versuchszwecken

## 08. FERNSEHEN

Die gute alte Glotze. Trotz des Internets immer noch das Massenmedium. Lustigerweise sind TV-Sendungen eines der meistdiskutierten Themen der ach so hippen Netzgemeinde. Ob »Tatort« oder »Wetten, dass..?« – man arbeitet sich verbissen in Chats und Blogs am guten alten Fernsehen ab. Und bis zu 13 Millionen Leute schalten sonntags ein, wenn am Abend im »Tatort«-Münster wieder Axel Prahl und Jan-Josef Liefers ermitteln. Aus unserer Sicht ein amüsantes, aber längst nicht das beste »Tatort«-Team. Schon diese Behauptung ist ein recht guter Smalltalkbeitrag. Natürlich müssen Sie dann darauf vorbereitet sein, dass man Sie fragt, wer denn ein besseres sei. Da haben wir hier gleich eine schöne Antwort für Sie. Sagen Sie einfach: »Für mich ist ja der ›Polizeiruf‹ der bessere ›Tatort‹.« Und schieben dann nach: »Bukow ist der neue Schimanski. Der Mann ist Weltklasse.« Das ist ein entschlossener Standpunkt. Aber Obacht in der TV-Diskussion: Auch hier lauern Fallen und potenzielle Missverständnisse. Wenn etwa von GZSZ die Rede ist, sollten Sie nicht einwerfen: »Ich lasse die Arschlöcher nicht rein, so viel Gebühren für so ein Mistprogramm. GZSZ ist die Abkürzung für die RTL-Serie »Gute Zeiten, schlechte Zeiten«. Der Mann mit den Gebühren ist jedoch von der GEZ, der Gebühreneinzugszentrale. Verstanden? Und mit einer Doku-Soap können Sie sich nicht waschen – gemeint ist eine herzergreifende Seifenoper im TV. So, nicht lange fackeln im Sturm und ab zu unseren Listen:

## INTELLEKTUELLE PHRASEN

»Ich bin ja mit der Augsburger Puppenkiste aufgewachsen. *Jim Knopf*, *Urmel* und *Kalle Wirsch*. Das, liebe Leute, war noch kindgerechtes Fernsehen.«

»Die besseren Sachen gibt's ja in den Dritten.«

»Braun selber schaute am Ende gar nicht in seine Röhre.«

## ERHABENE ZITATE

»Fernsehen macht die Dummen dümmer und die Klugen klüger.« *(Günther Jauch)*

»Früher gab es öffentliche Hinrichtungen, heute gibt es das Fernsehen.« *(Martin Scorsese)*

## ENTLASTENDE KALAUER

»Tatort heißt auf Dänisch Tatørt.«

»Heute geht's nicht. Ich hab meine Tagesschau.«

»Der internationale Frühschoppen. Mit fünf Journalisten aus sechs Ländern.«

»Ich muss mal schnell aufs Klo. Hab Quotendruck.«

## ACHTUNG, FALSCHE HASEN & PHRASEN

*Die Sopranos* ist eine Gangsterserie und kein Film über Opernsänger.

Wenn jemand im Fernsehen »*MAZ ab*« ruft, ist das keine Aufforderung zur Kastration, sondern die Bitte, eine audiovisuelle Magnetaufzeichnung abzuspielen.

Der Begriff *Eurovision* bezeichnet keine Voraussagen, wie sich die europäische Gemeinschaftswährung entwickeln wird, sondern die Union der Europäischen Rundfunkanstalten.

Die berühmte Serie über paranormale Phänomene heißt nicht Akne X, sondern *Akte X*.

## SITUATIVES PHRASELN

»Ich muss mir schnell einen Splitter rausmachen. Gib mir mal die Zeitlupe!«

## DER ERFUNDENE FACHBEGRIFF

*Fernbedienung* – ständig abwesende Kellnerin

*Fatscreen-Monitor* – ein Bildschirm, der Menschen dicker erscheinen lässt als sie in Wahrheit sind. Wurde speziell für Bulimiekranke entwickelt

## 09. HUNDE

Das Thema Hunde ist ein vermintes Gelände, bei dem Mann jederzeit schön in die Scheiße treten kann. Viele hübsche Frauen teilen ihren Schoß lieber mit einem hechelnden Fellbündel als mit einem debilen Typen, der sich in der Welt der süßen Vierbeiner nicht auskennt. Deshalb kann es auf keinen Fall schaden, ein bisschen mehr über Hunde zu wissen. Ein Beispiel gefällig? Die Einwohner von Peking sind Pekinger und keine Pekinesen. Pekinesen sind eine Hunderasse, die nur in Deutschland Pekinesen genannt werden, vom Rest der Welt jedoch Pekingesen. Kapiert? Natürlich ist ein Hund immer noch der ideale Aufhänger für einen Flirt in der städtischen Grünanlage. Aber Vorsicht! Vermeiden Sie plumpe Anspielungen wie »Ich werde auch gerne am Bauch gekrault« oder »Ich steh auch auf Stachelhalsbänder«! Wenn also auf einer Party das Gespräch auf den Hund kommt, achten Sie auf das Geschlecht Ihrer Gesprächspartner. Wenn Sie mit hübschen Frauen fachsimpeln, nennen Sie ihren Hund einfach Mr. Spencer. Schwärmen Sie, wie süß er mit dem roten Halstuch aussieht. Wollen Sie labile Männer und Kinder erschrecken, dann erzählen Sie ehrfurchtsvoll von den Gewalttaten Ihres Rottweilers Wotan und seinem unbedingten Gehorsam.

### INTELLEKTUELLE PHRASEN

»Idi Amin selber mochte Hunde lieber als Menschen.«

»Nur jeder dritte Tibet-Terrier wird wiedergeboren.«

»Nur ein leckerer Hund ist ein guter Hund.« *(chinesisches Sprichwort)*

»Der Hund ist der sechste Sinn des Menschen.« *(Friedrich Hebbel)*

»Mürrische Leute haben mürrische Hunde, gefährliche Leute haben gefährliche.« *(Marc Aurel)*

»Wenn es keine Hunde gäbe, wollte ich nicht leben.« *(Arthur Schopenhauer)*

### ENTLASTENDE KALAUER

»Der tut nichts. Der beißt nur.«

»Mein Collie ist ein Borderliner.«

»Mein Hund denkt, er heißt *Runter vom Sofa*.«

Ein Wachhund zum anderen: »Sag mal, hörst du nichts?« – »Doch«. – »Und warum bellst du dann nicht?« – »Dann hör ich ja nix mehr.«

### ACHTUNG, FALSCHE HASEN & PHRASEN

*Malteser* ist kein Hundeschnaps.

Ein *Husky* kann auch lieben!

### SITUATIVES PHRASELN

»Ach, das ist ja interessant! Mein Cocker heißt auch Joe!«

### DER ERFUNDENE FACHBEGRIFF

*Moprador* – Mischling aus Labrador und Mops

*Knatterdrang-Drüse* – Sexualzentrum von Terriern

## 10. ALTERNATIVE MEDIZIN

Wer bei diesem schwierigen Thema die richtigen Phrasen parat hat, kann mächtig Eindruck schinden beim weiblichen Geschlecht. Aber aufgepasst – in Zeiten, in denen jeder durch Medizinsendungen wie »Gesundheitsmagazin ungelöst« praktisch Arzt ist, empfiehlt sich unbedingt vorab ein großer Faktencheck, sonst droht eine veritable Blamage. Homöopathie hat nun mal nichts mit einer wohlwollenden Einstellung gegenüber Schwulen zu tun. Es handelt sich vielmehr um eine alternativmedizinische Behandlungsmethode. Der Heilpraktiker ist kein Baumarkt für Do-it-Yourself-Kräutertees und Calendulasalben, sondern jemand, der die Heilkunde gewerbsmäßig ausübt, ohne als Arzt approbiert zu sein. Da haben wir Sie gleich mal vor ein paar Reinfällen bewahrt. Eines hilft im pseudo-medizinischen Diskurs immer: Wenn Sie keine Ahnung haben, wovon Ihr Gegenüber da eigentlich spricht, dann behaupten Sie einfach, Sie hätten über Bachblüten endlich einen Zugang zur klassischen Kirchenmusik gefunden. Das wird zwar alle verwundern, aber als gar nicht mal so unlogischer Heilungseffekt in Bezug auf die Harmonisierung negativer Seelenzustände aufgenommen werden. Sie wissen nicht, wovon wir reden? Macht nix. Das ist ja das Wesen der Phrase. Hauptsache, Sie können das ganze Zeugs hier flüssig wiederholen, wenn es passt.

### INTELLEKTUELLE PHRASEN

»Hahnemann selber hatte unglaubliche Last mit Verstopfung.«

»Die meisten Placeboeffekte sind auch nur vorgetäuscht.«

»Wer heilt, hat recht.«

## ERHABENE ZITATE

»*Similia similibus omnibus* – Ähnliches wird durch Ähnliches behandelt und nicht Gegensätze durch Gegensätze.« *(Theophrast von Hohenheim)*

»Immer wenn ich da drücke, habe ich so einen Druckschmerz.« *(Lothar Matthäus)*

## ENTLASTENDE KALAUER

»Hippokrates stand auf Pferde.«

»Ich hab einen Tinnitus im Auge – ich sehe nur Pfeifen.«

»Das Einzige, was an Schüßler wirklich gesalzen ist, sind die Preise.«

## ACHTUNG, FALSCHE HASEN & PHRASEN

*Ayurveda* ist nicht die sympathische Schwester von Darth Vader, sondern eine traditionelle indische Heilkunst.

Heintje sang nicht *Tai-Chi* Bumbeidschi, sondern Heidschi Bumbeidschi.

Raki ist kein esoterisches Konzept, sondern der türkische Nationalschnaps. Was Sie meinen, ist *Reiki*.

## SITUATIVES PHRASELN

»Iris-Diagnose? Nur beim Gärtner oder einem guten Gartencenter.«

»Mist, ich brauch noch ein Geschenk für mein Osteopathen-Kind!«

*Schlimmfingern* – Heilmassage des Unterleibs

*Aku-Punktuhr* – Armbanduhr mit Nadeln an der Innenseite des Armbands.

## 11. LITERATUR

Ein ganz schwieriges Terrain! Jeder Halbaffe hat schon mal ein Buch gelesen und hält sich für einen Experten, wenn er den Namen Ken Follett richtig aussprechen kann. Die Chance, hier im Smalltalk als Blender aufzufliegen, ist dementsprechend extrem hoch. Also, Vorsicht beim wahllosen Herumwerfen mit literarischen Begriffen. Wenn von Macbeth die Rede ist, sollten Sie nicht begeistert fragen: »Schon wieder schottische Wochen bei McDonald's?« Dann könnte es nämlich sein, dass Ihnen jemand rät, am besten »Der Idiot« von Dostojewski zu lesen. Es gibt beim Partytalk über Literatur eine goldene Regel. Wenn Ihr Gegenüber ein Werk oder einen Schriftsteller anpreist, dann nutzen Sie den sogenannten Echotrick: Sie reißen die Augen auf und wiederholen einfach nur den Namen des Autors oder Buches. Und zwar mit genießerischem Kennerton: »Ahhhh ... Kleist.« »Oh ... Büchner.« »*Der Turm* ... ein Genuss.« Bei konkreten Nachfragen wechseln Sie schnell das Thema und fragen, ob Ihr Gegenüber das großartige Buch »Aswerzu« von Radislav Kryptic kennt. Das gibt es zwar gar nicht, aber das weiß außer Ihnen auch so schnell kein Mensch. Da können Sie nicht auflaufen.

## INTELLEKTUELLE PHRASEN

»Schiller selber hatte zu Hause keine Glocke, sondern einen Türklopfer.«

»Ohne die Buchpreisbindung hätten wir schon lange amerikanische Verhältnisse, meine Damen und Herren. Gerade wir als Nation der Dichter und Denker sollten an ihr festhalten.«

»Im Faust ist eigentlich alles enthalten, was die deutsche Dichtung in der Weimarer Klassik ausmachte. Und darüber hinaus. Wer daran zweifelt, hat Goethe nie gelesen.«

## ERHABENE ZITATE

»Die deutsche Literatur ist einäugig. Das lachende Auge fehlt.« *(Erich Kästner)*

»Die Zukunft der Literatur liegt im Aphorismus. Den kann man nicht verfilmen.« *(Gabriel Laub)*

## ENTLASTENDE KALAUER

»Dante wird überschätzt. Bayern sollte ihn verkaufen.«

»Gottfried Keller hat auch im Obergeschoss geschrieben.«

»Thomas Mann trug gern Frauenkleider.«

»Das sauberste Buch von Astrid Lindgren ist *Ferien auf Sagrotan*.«

»Das erste deutsche Hells-Angels-Charter gründete 1803 der Dichter Kloppstock.«

## ACHTUNG, FALSCHE HASEN & PHRASEN

*Homer* ist ein Dichter und nicht einer von den Simpsons.
*E.T.A. Hoffmann* hat nix mit den baskischen Bombenlegern zu tun.

*Murakami* ist kein havariertes Atomkraftwerk, sondern ein toller japanischer Schriftsteller.

*Effi Briest* ist kein französischer Weichkäse, sondern ein Roman von Fontane.

*Kafka* hat auch nicht Werbung für Advocard gemacht – obwohl er den *Prozess* geschrieben hat.

### SITUATIVES PHRASELN

»Ach, Sie sind Physiker und schreiben Fachbücher. Da haben Sie ja bestimmt viele Laser.«

### DER ERFUNDENE FACHBEGRIFF

*Pauktoriale Erzählsituation* – die Person des allwissenden Erzählers im klassischen Roman der Kaiserzeit

*Grobschnitt* – der abrupte Wechsel der Erzählperspektive

*Nürnberger Christ-Kindle-Edition* – limitierte Kindle-Lesegerät-Edition zur Adventszeit mit Lebkuchenaroma

## 12. PILATES, YOGA & CO.

Pilates? Jörg Pilates? Ist das nicht dieser nette Fernsehmoderator? Oder war das nicht Pontius Pilates – der unsympathische Typ mit dem Handwaschzwang, der Jesus ans Kreuz gebracht hat? Mensch, jetzt reißen Sie sich aber mal zusammen. Eins nach dem anderen: Sie meinen Jörg Pilawa, den beliebten Quizmaster. Dem kann man zwar viel vorwerfen, aber nicht die Sache mit Jesus. Pilates ist ein systematisches Ganzkörpertraining, das extrem gut bei Frauen ankommt. Wie auch QiGong (gesprochen Tschigong). Nein, das ist nicht der Gong, der zum Après-Ski in die Bar ruft, sondern eine sehr alte chinesische Meditationsform, bei der man wenig denken soll – das dürfte doch eigentlich kein Problem für Sie sein, oder? Sie sollten sich in Sachen Trendfitness auskennen und nicht so viel durcheinanderbringen. Die Fitnessstudios sind voller Frauen, die nach dem Workout einen gesunden Proteindrink schlürfen. Wenn Sie da beim Smalltalk mitmischen wollen, ohne sich gleich wieder als Null-Checker zu outen, sollten Sie unsere hilfreichen Phrasen zur Hand haben, damit einem zünftigen Love-Workout zu zweit nichts im Wege steht.

## INTELLEKTUELLE PHRASEN

»Der Inder ist ja biegsamer als wir.«

»Wer die muskuläre und spirituelle Einheit von Geist und Körper sucht, der wird auf seinem Weg zur Schöpfung Erleuchtung finden.«

»In unserem Inneren finden wir das Äußerste.«

»Sydne Rome selber hat die engen Aerobicanzüge gehasst.«

## ERHABENE ZITATE

»*Tato dvandvanabhigatahj* – Ein Mensch, der Asanas richtig übt, kann auch durch extreme äußere Einflüsse nicht aus dem Gleichgewicht gebracht werden.« *(Yoga-Sutra 2.48)*

»Der Morgengruß, der kommt gewiss, und wenn es erst am Abend ist.« *(Yogi Bär)*

## ENTLASTENDE KALAUER

»Dehnen ist seliger denn Gähnen.«

»Mens sana in Campari Soda.«

»Ich muss dringend zum Frisör. Meine Yoga-Matte ist zu lang.«

## ACHTUNG, FALSCHE HASEN & PHRASEN

Es heißt nicht Caipirinha, sondern *Capoeira*-Kurs, wenn Sie sich auf brasilianische Weise fit halten wollen.

Beim *Zirkeltraining* muss man nicht am Schreibtisch sitzen und Kreise malen.

*Yoga* ist keineswegs der kleine, grüne, hutzelige Jedi-Meister Yoda aus Star Wars, sondern eine komplizierte indische philosophische Lehre.

Beim *Schlingentraining* geht es auch nicht darum, möglichst schnell viel Nahrung in sich hineinzustopfen, sondern um eine Trainingsmethode mit einem Seil- und Schlingensystem.

## SITUATIVES PHRASELN

»Kommen Sie doch näher. Körper und Seele sind ja nur durch eine kleine, unsichtbare Wand getrennt.«

## DER ERFUNDENE FACHBEGRIFF

*Hock-aido* – Ertüchtigung des Körpers durch extrem langes Sitzen

*Schwitzwupper* – der Punkt, an dem es beim Training anstrengend wird

*Power-Phimose* – Workout in sehr enger Sportkleidung

*Tai-Ski* – Wie Tai-Chi, nur auf Skiern

Freunde, machen wir uns doch nichts vor – die gesamte Kultur des Abendlandes basiert auf dem Buch der Bücher, der Bibel! Das ist eine perfekte Phrase, die man immer mal in ein Gespräch einstreuen kann, auch wenn es gar nicht passt. Niemand wird es auch nur wagen, Ihnen zu widersprechen. Schließlich handelt es sich um die Heilige Schrift. Unterschätzen Sie bitte nie die Wirkung von Religion auf schöne Frauen. Aber Obacht, bevor Sie sich pseudoreligiös äußern, sollten Sie auch ein wenig bibelfest werden. Das Buch Genesis ist beispielsweise nicht die Biographie von Phil Collins und seinen Musiker-Kumpels, sondern das erste Buch der Bibel. Und egal, was Sie nach einem abgebrochenen Jurastudium behalten haben: Das Alte Testament war nicht Moses letzter Wille. So, jetzt haben wir schon mal ein paar Fallstricke beseitigt. Wenn Sie jetzt noch begreifen, dass die Zehn Gebote nicht täglich auf eBay abgegeben werden, sondern im täglichen Leben befolgt werden sollten – dann können Sie mit unseren restlichen Phrasen als Hobbytheologe jedes Abendessen mit gesalbten Worten untermalen.

## INTELLEKTUELLE PHRASEN

»Der Vers, der exakt in der Mitte der Bibel steht, ist Psalm 97,8.«

»Die Seele eines heiligen Mannes sagt oft mehr Wahres als sieben Wächter, die auf hoher Warte sitzen, um auszuspähen, wenn Sie verstehen, was ich meine.«

## ERHABENE ZITATE

»Wer an die Hölle glaubt, der hat sie auch verdient.«
*(Heinrich Heine)*

»Paulus schrieb an die Apachen: Ihr sollt nicht nach der Predigt klatschen.« *(Robert Gernhardt)*

## ENTLASTENDE KALAUER

»Methusalem benutzte Viagra.«

»Die Kardinäle essen bei der Papstwahl Chili-kon-Klave.«

»Johannes der Täufer stand auf Linda Evangelista.«

»Paulus bat die Irokesen, die Bibel richtig rum zu lesen.«
*(Hoheneder/Schlenz)*

»Sodom und Gomorrha müssen mit Penicillin behandelt werden.«

## ACHTUNG, FALSCHE HASEN & PHRASEN

Es war *Maria Magdalena*, die auf Jesus stand – nicht Maria Cron.

*Protestanten* sind keine autonomen Randalierer, sondern Lutheraner.

Die *zwölf Stämme Israels* sind nicht der kümmerliche Baumbestand im Nahen Osten, sondern nach der hebräischen Bibel das erwählte Volk der Juden.

*Zwingli* ist keine SM-kompatible Brustwarzenzange. Zwingli war ein Reformator.

Wenn die Rede auf *Pharisäer* kommt, dann halten Sie um Gottes willen die Klappe und faseln nicht: »Bitte für mich mit 'nem doppelten Schuss Rum.« Gemeint sind altjüdische Gelehrte.

»*Hochwürgen* – von Ihrer Predigt wurde mir richtig übel!«

*Scherzengel* – nur in den Apokryphen genannter, ständig kalauernder Engel

*Kölnkondom* – Verhütungsmittel für angehende Priester. Es handelt sich um eine hauchdünne Latexnachbildung des Kölner Doms von der Firma Blausiegel.

*Papille* – Verhütungsmittel für Katholiken (sehr groß, wird vors Schlafzimmer gerollt)

# 14. THEATER

Das Theater ist der Fetisch des intellektuellen Bürgertums. Hier vergewissert es sich in einem selbstreferentiellen Rahmen seiner selbst. Sie verstehen kein Wort? Gut so. Dann sind wir mitten im Thema. Wer heute ins Theater geht, sollte sich darauf einstellen, dass man dem Geschehen auf der Bühne meist kaum intellektuell folgen kann. Keine Sorge – das soll so sein. Erst auf diese Weise wird Theater wertig. Aber genau da liegt die Problematik beim eloquenten Smalltalk im Theaterkontext. Worüber soll man reden, wenn man nichts versteht? Vermeiden Sie deshalb unbedingt klare Aussagen. Das ist eine ganz wichtige Strategie. Theaterdiskussionen müssen nebulös und rätselhaft bleiben, sonst kann sich der Ahnungslose schnell verraten. Mit ein paar Schlagwörtern sollten Sie sich allerdings auskennen, um nicht als Kulturbanause dazustehen. Wenn neben Ihnen im Theater der Sitznachbar verzückt raunt: »Gleich kommt der lange Monolog.«, dann sollten Sie auf keinen Fall antworten: »Hoffentlich setzt er sich nicht genau vor mich.« Vorsicht auch an der Kasse: Wenn Sie dort um zwei Karten bitten und der Angestellte fragt: »Für Tristan und Isolde?«, dann antworten Sie besser nicht: »Nein, für meine Frau und mich.« Und wenn jemand »Woyzeck« erwähnt, dann ist es nicht ratsam zu sagen: »Kein Problem, ich bin gegen Borreliose geimpft.« Woyzeck ist keine osteuropäische Zeckenart, sondern ein wirklich miesepetriges Stück von Georg Büchner. So, erst mal genug gelernt. Mit diesen theatralischen Bemerkungen punkten Sie stets im Foyer:

## INTELLEKTUELLE PHRASEN

»**Gründgens hätte das anders gemacht.**«
»**Wenn doch bloß Schlingensief noch lebte!**«
»**Ich finde, der Regisseur hat die Schauspieler mit dem Text allein gelassen.**«

## ERHABENE ZITATE

»**Auch Schlafen ist eine Form der Kritik, vor allem im Theater.**« *(George Bernhard Shaw)*
»**Das Theater darf nicht danach beurteilt werden, ob es die Gewohnheiten seines Publikums befriedigt, sondern danach, ob es sie zu ändern vermag.**« *(Berthold Brecht)*

## ENTLASTENDE KALAUER

»**Zuckmayer war ja Epileptiker.**«

»Das Stück war so schlecht – ich hatte meine Urfaust in der Tasche geballt.«

»Grillparzer mochte überhaupt kein Fleisch.«

## ACHTUNG, FALSCHE HASEN & PHRASEN

Bei *Elektra* brauchen Sie keine Angst vor einem Stromschlag zu haben, es handelt sich lediglich um eine Tragödie des griechischen Dichters Sophokles.

Bei *Faust* spielt keiner der Klitschkos mit.

*Brecht* ist kein Imperativ, sondern ein Dramatiker.

Wenn *Parkett* auf Ihrer Karte steht, müssen Sie nicht auf dem Holzfußboden sitzen, sondern lediglich im ebenerdigen Raum vor der Bühne.

## SITUATIVES PHRASELN

»Aber das Bühnenbild ist der Hammer!«

»Wahnsinnig intensiv!« *(passt immer)*

## DER ERFUNDENE FACHBEGRIFF

*Erster Akt* – der erste nackte Schauspieler in einem Stück

*Lear-Jet* – Privatflugzeug von König Lear

# 15. KLASSISCHE MUSIK

Beethoven, Bach, Mozart und ihre Komponistenkumpels gelten im gehobenen Bürgertum immer noch als das Maß aller Dinge. Nützlich, da den einen oder anderen schlauen Kommentar absondern zu können, wenn es um klassische Musik geht. Nicht schlau: Wenn die Rede auf Wagner kommt – verkneifen Sie sich Sätze wie: »Von Wagner mag ich am liebsten die klassische Steinofenpizza!« In der Not hilft natürlich wieder der altbekannte Echotrick (siehe auch Fachbereich »Literatur«): Wiederholen Sie mit geschlossenen Augen und wogender Kopfbewegung genießerisch den Namen allseits geachteter Interpreten oder Komponisten und säuseln verzückt: »Ah … Karajan«, »Glenn Gould – keiner war wie er« oder »Für mich gibt's nur Bartók«. Aber vergessen Sie nicht – auch hier lauern Fallstricke und Irrtümer, die Sie schnell als hirnlosen Deppen dastehen lassen. Wer »Fidelio« für einen sehr lustigen, kubanischen Stehgeiger hält, sollte doch lieber mal in Beethovens Opernverzeichnis nachschauen. So, Notenschlüssel raus und auf geht die Tür zu unseren Phrasen, Zitaten und Kalauern, lieber Möchtegern-Klassikfreund:

## INTELLEKTUELLE PHRASEN

»Technisch nicht übel, dieser Pianist. Und viel Gefühl. Aber für meinen Geschmack einen Hauch zu viel Pedal.«
»Gemessen an Furtwängler nur ein Zwerg, dieser Dirigent.«
»Bach selber hatte zu Hause nur ein Xylophon mit einem defekten *Cis*.«

## ERHABENE ZITATE

»So angenehm die Musik dem Ohre ist, wenn es sie hört, so unangenehm ist sie ihm oft, wenn man ihm davon vorspricht.« *(Georg C. Lichtenberg)*
»Die Musik ist der vollkommenste Typus der Kunst: Sie verrät nie ihr Letztes.« *(Oscar Wilde)*

»Unerlässlich ist es, dass der Sänger auch ein guter Musiker ist.« *(Richard Wagner)*

## ENTLASTENDE KALAUER

»Ogott und Faboe.«

»Ist das *Für Elise*?« – »Nee, für mich!«

»Lang Lang selber kann nicht morsen.«

»Bei jeder WM sammele ich Paganini-Bildchen.«

»Callas ohne Larry Hagman als J.R. ist undenkbar.«

»Dirigenten sind oft taktlos.«

»Senile Bettflucht – das Phantom der Opa.«

## ACHTUNG, FALSCHE HASEN & PHRASEN

*Mezzosopran* ist kein Softdrinkmix, sondern eine Stimmlage.

*Georg Friedrich Händel* gehört nicht in eine österreichische Hähnchenbraterei.

Die *Zauberflöte* ist kein Beate-Uhse-Film, sondern eine Oper von Mozart.

Ein *Kammerorchester* darf nicht nur in kleinen Zimmern spielen.

Eine *Fuge* muss nicht mit Silikon abgedichtet werden.

Mit der Partitur des Dirigenten kann man keine Möbel polieren.

*Wilhelm Furtwängler* spielt nicht im Tatort mit, das ist seine Großenkelin Maria.

Wer Karten für *Aida* gekauft hat, geht nicht unbedingt auf Kreuzfahrt.

»Das Parkett hier in der Oper erscheint mir etwas morsch. Hier muss das eine oder andere Libretto ausgewechselt werden.«

*Mezzopforte* – mittlerer Seiteneingang in der Oper
*Hodengrin* – sagenumwobene, nie veröffentlichte erotische Oper von Richard Wagner
*Counter-Lenor* – extra für empfindliche Opernsänger kreierter Weichspüler für Schals und Halstücher

## 16. PHILOSOPHIE

Philosophie ist eine der Königsdisziplinen in Sachen erfolgreiches Dampfplaudern. Ein kluger Satz aus dem reichhaltigen Schatz der Philosophie – und beinahe jeder liegt Ihnen zu Füßen. Deswegen nennen wir Ihnen gleich am Anfang mal ein gutes Beispiel für einen gelungen Einstieg in eine philosophische Diskussion: Super ist der folgende Satz des Philosophen Theodor W. Adorno, den man stets »einfach mal so« absondern kann: »Es gibt kein richtiges Leben im falschen.« Eine klassische Phrase, die intelligent klingt, vielschichtig deutbar und sehr variabel einsetzbar ist. Natürlich könnten Sie genauso gut auch sagen: »Nachts ist es kälter als draußen.« oder »Weiß ist das neue Schwarz.« Aber Adorno klingt einfach besser, und niemand wird es wagen, Ihnen zu widersprechen. Adorno (nicht zu verwechseln mit der Crossover-Musikgruppe Adoro) war übrigens einer der Begründer

der »Frankfurter Schule«. Aber da können Sie Ihre Kinder leider nicht hinschicken. Das ist nur die Bezeichnung für eine Gruppe von kritischen Denkern. Also: Vorsicht vor Missverständnissen. Die sind hier besonders peinlich. Wenn jemand »Nietzsche« in einer Diskussion ruft, dann sollten Sie nicht »Gesundheit!« antworten, sondern lieber mit einer passenden Phrase oder einem Kalauer aus unserer Liste kontern.

## INTELLEKTUELLE PHRASEN

»Moral ist das Kantholz der Aufklärung.«

»Kant selber wurde von seinen Eltern nicht aufgeklärt.«

»Also ich denke, dass die Isomorphiebeziehung zwischen Sprache und Welt und nicht zwischen Seele und Welt stattfindet. Oder auch nicht.«

»Boris Becker ist nicht Realität.«

## ERHABENE ZITATE

»Der Bürger wünscht die Kunst üppig und das Leben asketisch; umgekehrt wäre es besser.« *(Theodor W. Adorno)*

»Das Ganze ist mehr als die Summe seiner Teile.« *(Aristoteles)*

»Verstand ist erhaben, Witz ist schön.« *(Immanuel Kant)*

»Wenn der, der zuhört, nicht weiß, was der, der spricht, meint, und wenn der, der spricht, nicht weiß, was sein Sprechen bedeutet – das ist Philosophie.« *(Voltaire)*

## ENTLASTENDE KALAUER

»Pythagoras hatte ein Dreiecksverhältnis.«

»Die weißen Tauben sind Möwen.« *(Mike Krüger)*

»Handle stets so, dass noch was übrig ist.« *(Kants Oma)*
»Thomas Hopps konnte gut springen.«

## ACHTUNG, FALSCHE HASEN & PHRASEN

*Dialektik* hat nichts mit Mundart zu tun, sondern ist eine Erkenntnismethode.

*Schleiermacher* ist kein muslimischer Schneider, sondern ein protestantischer Philosoph.

Der spätmittelalterliche Kirchenphilosoph *Augustinus von Hippo* hielt sich keine Nilpferde.

*John Locke* war kein Friseur, sondern ein englischer Philosoph und Vordenker der Aufklärung.

Der *Positivismus* ist keinesfalls eine Denkschule von notorischen Frohnaturen, er will die Welt durch eigene Erfahrungen erforschen.

## SITUATIVES PHRASELN

»Darf ich Ihnen das Ding an sich zeigen?«
»Nicht schlecht, Herr Precht.«
»Meine Tochter wurde schon als Kind immer Philo-Sophie gerufen.«

## DER ERFUNDENE FACHBEGRIFF

*Frimmeln* – vom Allgemeinen auf das Ungefähre schließen
*Klektizismus* – philosophische Methode, aus Kaffeeflecken Erkenntnisse zu gewinnen
*Philofax* – Terminplaner für Philosophen
*iPhilophone* – Sonderedition des iPhone 6 mit Zitaten berühmter Philosophen in der Nachrichten-App

## 17. KAFFEE

Kaffee hat Sie jahrelang kaltgelassen. Das war unklug, denn Kaffee samt Zubehör ist mittlerweile ein Lebensgefühl und somit ein erstklassiges Phrasenthema. War Kaffee früher einfach Jacobs »Krönung« oder Eduscho »Gala«, ist die Auswahl an Röstungen heute so vielfältig wie Jogi Löws Pulloversammlung. Nur Sie zucken leider immer noch verstört zusammen, wenn Ihre Frau eine »Latte mit extra Schuss« bestellt. Also merken Sie sich: »Latte« ist eine italienische Milchkaffeespezialität und keine unmoralische Aufforderung Ihrer weiblichen Begleitung an den gockeligen Kellner im Eiscafé. Aber Kaffee heißt heutzutage nicht immer Kaffee – es gibt zum Beispiel auch Nespresso. Das kommt Ihnen bekannt vor? Nespresso bezeichnet eine hochpreisige Kaffeekapsel, die viele Frauen nur deshalb so gerne trinken, weil der smarte George Clooney dafür Reklame macht. Auch die einfache Kaffeemaschine hat ausgedient und wurde von teuren, komplizierten Hightech-Maschinen abgelöst. Dennoch: Ein Jura-Vollautomat erfordert keinesfalls das Studium der Rechtswissenschaften. Falls Sie sich überfordert fühlen, können Sie sich zu Hause oder im Restaurant immer noch mit der Bitte um »eine gute Tasse deutschen Bohnenkaffee« elegant aus der Affäre ziehen.

### INTELLEKTUELLE PHRASEN

»Wovon wird der Kaffee süß, vom Zucker oder vom Umrühren?«

»Der alte Herr Jacobs selber trank nur Pfefferminztee.«

»Wissen Sie, was für mich ein Paradoxon ist? Koffein-freier Kaffee!«

»Der Kaffee bei McDonald's ist gar nicht so übel.«

## ERHABENE ZITATE

»Nach einem guten Kaffee verzeiht man sogar den Eltern.« *(Oscar Wilde)*

»Schwarz wie der Teufel, heiß wie die Hölle, rein wie ein Engel, süß wie die Liebe.« *(Charles Maurice de Talleyrand)*

»Sollte dies Kaffee sein, bringen Sie mir bitte Tee. Sollte dies Tee sein, bringen Sie mir bitte Kaffee.« *(Abraham Lincoln)*

## ENTLASTENDE KALAUER

»Lecker der Kaffee – wo haben Sie die Bohne her?«

»Schwanzus DeLonghi kenn ich – das ist doch der Typ aus *Das Leben des Brian*!«

»Ich hab vorhin eine ganze Kanne Loni getrunken.«

»Ich kann nicht schlafen, wenn ich Kaffee trinke. Und ich kann keinen Kaffee trinken, wenn ich schlafe.«

## ACHTUNG, FALSCHE HASEN & PHRASEN

*Muckefuck* ist kein Angebot Ihres Gastgebers zum Ge-schlechtsverkehr statt Kaffee trinken. Muckefuck ist ein Ersatzkaffee aus verschiedenen Getreidesorten.

*Robusta*-Kaffeebohnen gehen übrigens in der Kaffee-mühle genau so einfach kaputt wie alle anderen Sorten.

*Schlagobers* sind keine prügelnden Kellner, sondern das österreichische Wort für Schlagsahne.

»Der Kaffee ist so schwach, der kommt ja überhaupt nicht aus der Kanne!?«

»Wenn Sie nicht alle Tassen im Schrank haben, dürfen Sie Ihren Kaffee auch aus der Leitung trinken.?«

## DER ERFUNDENE FACHBEGRIFF

*Depresso* – Espresso für Depressive

*Mokkern* – verharmlosende Bezeichnung für übelriechende Kaffeeblähungen

# 18. FUSSBALL

Jetzt werden Sie wahrscheinlich jubilieren, weil Sie sich – wie zwanzig Millionen andere deutsche Männer auch – für einen wahren Fachmann halten. Und genau hier liegt der berühmte Ball auf dem Fettnapf-Elfmeterpunkt: Mit Gesprächsbeiträgen wie: »Ich kann euch genau sagen, was der Jogi Löw falschmacht.« gewinnt man in Gesellschaft von Fachleuten oder hübschen Frauen keinen Blumentopf mehr. Es macht auch keinen Sinn, beim Thema »Viererkette« prahlerisch zu verkünden, dass Sie seit »Fifty Shades of Grey« bekennender Masochist sind. Eine Viererkette ist nämlich kein lustbringendes Folterhalsband, sondern eine Abwehrformation im Fußball mit zwei Außen- und Innenverteidigern. Sie merken schon, es nützt gar nichts, wenn Sie alles nur mit einem halben Ohr aufschnappen. Aber dass der portugiesische Superstar Cristiano Ronaldo keine einundzwanzig Millionen kassiert, weil er bei Real an der Kasse sitzt, sollte Ihnen schon klar sein. Real ist in diesem Fall kein Supermarkt, sondern lediglich die umgangssprachliche Kurzform für den legendären, spanischen Erfolgsclub Real Madrid. Also setzen Sie sich auf die Phrasen-Trainerbank und prägen Sie sich die wichtigsten Aussagen spielerisch ein.

## INTELLEKTUELLE PHRASEN

»Fußball ist wie eine Religion, und einer muss sich opfern.«
»Das ist Powerpressing in Reinkultur – die spielen hier heute nur auf Sieg.«
»Helmut Schön selber spielte am liebsten nur Boccia.«

## ERHABENE ZITATE

»Der Grund war nicht die Ursache, sondern der Auslöser.« *(Franz Beckenbauer)*
»Hast du Scheiße am Fuß, hast du Scheiße am Fuß.« *(Andreas Brehme)*

## ENTLASTENDE KALAUER

»Das ist keine Zeitlupe, der läuft wirklich so langsam.« *(Werner Hansch)*
»Auto, ich weiß, wo dein Schiri steht.«
»Christoph Daum hieß eigentlich Nase.«

## ACHTUNG, FALSCHE HASEN & PHRASEN

*Guardiola* ist keine scharfe Nacho-Sauce. Was Sie meinen ist Guacamole – und die hat mit dem berühmten Fußballtrainer Pep Guardiola nur wenig gemeinsam.
Ausländische Spieler brauchen übrigens in Deutschland keinen *Doppelpass* – es genügt, wenn sie auf dem Fuß-

ballplatz einen spielen können.

Eine *Raumdeckung* ist kein »Gangbang« in der Ge-
mischtsauna des DFB-Ausbildungszentrums. Es handelt
sich vielmehr um ein taktisches Spielsystem.

### SITUATIVES PHRASELN

»Das *Wunder von Bern* war ja ursprünglich mal eine
Madonnenerscheinung.«

### DER ERFUNDENE FACHBEGRIFF

*Fellatio Rom* – italienischer Drittliga-Verein
*Tackern* – den Gegner durch ständiges Piksen mit dem
Zeigefinger in den Unterleib nerven

## 19. ZOOLOGIE

Ein sehr unterschätztes Gesprächsthema, mit dem geris-
sene Plauderprofis bei gesellschaftlichen Anlässen schon
manche Big Points gemacht haben. Natürlich ist die Tier-
kunde hauptsächlich ein Nebenzweig der Biologie, die
bislang nur hornbebrillten Nerds ein bisschen Aufmerk-
samkeit verschafft hat. Aber gerade deswegen sollten Sie
hier als smarter Talker souverän punkten und ein paar
grundsätzliche Dinge auf keinen Fall durcheinander-
schmeißen: Eine Puffotter ist keine abgetakelte Prostitu-
ierte von der Reeperbahn, sondern eine Giftschlange aus
der Familie der Vipern. Und warum verwechseln Sie so
oft Hyäne und Hygiene? Weil Sie auch so streng riechen
wie die Aasfresser? Merken Sie sich bitte um Himmels
willen: Schwanzlurche sind keine notgeilen Männer, son-

dern Amphibien aus der Familie der Olme. Sehen Sie? Nur der Unwissende wird schnell zum Gespött der gebildeten Gesprächspartner. Deswegen antworten Sie bitte auf die Frage »Wie heißt der Sänger von U2?« bitte richtig mit Bono und nicht mit Bonobo.

## INTELLEKTUELLE PHRASEN

»Wohin setzt sich ein 800 kg schwerer Gorilla? Wohin er will.«

»Heinz Sielmann selber mochte Menschen viel lieber.«

»Wer Schmetterlinge lachen hört, sollte zum Arzt gehen.«

»Olme sind Melancholiker.«

## ERHABENE ZITATE

»Seitdem ich die Menschen kenne, liebe ich die Tiere.« *(Arthur Schopenhauer)*

»Die ersten Menschen waren nicht die letzten Affen.« *(Erich Kästner)*

»Weh' dem Menschen, wenn nur ein einziges Tier im Weltgericht sitzt.« *(Christian Morgenstern)*

## ENTLASTENDE KALAUER

»Marvin, tu die Mäh mal ei.« *(Übersetzung: »Marvin, streichel doch mal die Ziege.«)*

»Delfine sind schwule Haie.«

## ACHTUNG, FALSCHE HASEN & PHRASEN

*Zitteraale* können nicht an Parkinson erkranken.

Ein *Eichelhäher* ist kein aggressiver Raubvogel, der an FKK-Stränden Jagd auf beschnittene Männer macht.

*Aves* ist übrigens das lateinische Wort für Vögel und keine Autovermietung.

Eine *Boa constrictor* kann keine Pullis häkeln.

## SITUATIVES PHRASELN

»Mein Tischler war sehr krank. Er hatte Würmer im Stuhl.«

## DER ERFUNDENE FACHBEGRIFF

*Kommodowaran* – seit 1978 das Wappentier der indonesischen Schreinerinnung

*Hyaenidae fischerica* – nach Helene Fischer benannte Hyänenart, die besonders wegen ihrer hohen, fiependen Klagelaute gefürchtet ist

# 20. ZITATE

Ob lockerer Partytalk, heißer Flirt oder seriöses Businessmeeting: Das richtige Zitat an der richtigen Stelle lässig eingestreut hat enorme Wirkung. Aber aufgepasst: das falsche Zitat auch. Wenn Sie mit einer hübschen Blondine an der Bar sitzen und über Filmklassiker wie »Casablanca« mit Humphrey Bogart fachsimpeln, dann vermeiden Sie um Himmels willen platte und einfallslose Bonmots wie »Ich schau dir in den Ausschnitt, Kleines!«. Sie werden von der Dame als Antwort wohl eher nicht das »Casablanca«-Zitat »Dies ist der Beginn einer wunderbaren Freundschaft« hören. Möglich, dass sie stattdessen Clint Eastwood zitiert: »Ich bin hinterhältig, unausgeschlafen und fies. Ich fresse grundsätzlich Stacheldraht und pisse Napalm.« Kleiner Tipp: Am besten lassen Sie aber die Finger von Politikerzitaten, denn die sind häufig von sich aus sehr verwirrend und peinlich – siehe Helmut Kohls »Die Mehrheit der deutschen Frauen ist weiblich«.

## INTELLEKTUELLE PHRASEN

»Originalität ist die Kunst, sich Zitate zu merken und zu vergessen, von wem sie stammen.«

»Wir sind alle nur Zitierende.«

»Wer nur zitiert, hat am Ende keine eigene Meinung.«

## ERHABENE ZITATE

»Von der Mehrzahl der Werke bleiben nur die Zitate übrig. Ist es dann nicht besser, von Anfang an nur die Zitate aufzuschreiben?« *(Stanislaw Jerzy Lec)*

»Ein Zitat ist besser als ein Argument. Man kann damit in einem Streit die Oberhand gewinnen, ohne den Gegner überzeugt zu haben.« *(Gabriel Laub)*

## ENTLASTENDE KALAUER

»Zi-Tiere sind die besseren Menschen.«

»Für ein Rezept braucht man die richtigen Zitaten.«

»Fortschritt durch Zitiertechnik.«

## ACHTUNG, FALSCHE HASEN & PHRASEN

Es hieß damals im All nicht verschnupft »Husten, wir haben ein Problem«, sondern »*Housten*, wir haben ein Problem«.

Es heißt im Film *Die drei Musketiere* nicht: »Einen für alle. Und dann für alle noch einen.« Die Herren waren schließlich nicht in einer Kneipe. Richtig ist: »Alle für einen. Und einer für alle.«

*Bond* sagt bei der Wodka-Martini-Bestellung nicht »gerüttelt, nicht geschürt«, sondern »geschüttelt, nicht gerührt«.

**SITUATIVES PHRASELN**

»Ich halte es mit Sebastian Vettel: Ich lenke, also bin ich.«

**DER ERFUNDENE FACHBEGRIFF**

*Zitatuationskomik* – das Wiederholen irrwitziger Zitate Prominenter. Beispiel: »Ich tue dies, weil ich ein absolut reines Gewissen habe.« *(Christoph Daum)* oder »Ich gebe Ihnen meinen Ehrenwort.« *(Uwe Barschel)* Lustig ist auch immer Günther Schabowskis flüssige Bekanntgabe der Maueröffnung am 9. November 1989: »Das tritt nach meiner Kenntnis ... ist das sofort. Unverzüglich!«

## 21. SCHULE

Keine vernünftige Unterhaltung von Menschen über fünfunddreißig Jahren kommt heute ohne das leidige Thema Schule aus. Jetzt lehnen Sie sich bitte nicht zurück und feiern Ihren müden Gesamtschulabschluss 1980 ab – das Thema verlangt höchste Konzentration, wenn man etwa im Büro beim Smalltalk mit den Kollegen wenigstens ein bisschen Eindruck schinden will. Da sollten Sie zum Beispiel nicht anfangen von Putin und Obama zu faseln, nur weil Ihre Gesprächspartnerin »Schwierigkeiten mit dem G8«

erwähnt. Gemeint ist hier nicht der Weltwirtschaftsgipfel der mächtigsten acht Industrienationen – »G8« ist die Kurzform für das Abitur nach der 12. Jahrgangsstufe. Eine Waldorf-Schule ist auch kein besonderes Ernährungsinstitut für Salatfreunde, sondern eine Lehranstalt, in der nach Waldorfpädagogik unterrichtet wird. Also erzählen Sie lieber wortreich von Ihrer Begeisterung für Anthroposophie. Das ist eine spirituelle Wissenschaft, die von Rudolf Steiner begründet wurde. »Kenn ich«, rufen Sie jetzt? »Hab ich gesehen: ›Steiner – das eiserne Kreuz‹«. Gute Güte. Sie sind auf dem Holzweg. Merken Sie sich einfach: Anthroposophen beschäftigen sich mit der Weisheit des Menschen und dem Übersinnlichen. Sie merken schon, welche Gefahren selbst beim scheinbar harmlosen Plaudern lauern. Bilden Sie sich also bitte schleunigst mit unseren Phrasen weiter.

## INTELLEKTUELLE PHRASEN

»Steiner selber konnte seinen Namen gar nicht tanzen.«
»Lehrers Kinder, Pastors Vieh – geraten selten oder nie.«
»Non vitae, sed scholae discimus.« *(»Nicht für das Leben, sondern für die Schule lernen wir.«)*

## ERHABENE ZITATE

»Es ist ein großer Irrtum unserer Zeit, Gelehrsamkeit für Bildung zu halten.« *(John Ruskin)*
»Die englische Schulausbildung ist die beste der Welt – falls man sie überlebt.« *(Peter Ustinov)*
»Alle öffentlichen Schulen sind auf die mittelmäßigen Naturen eingerichtet.« *(Friedrich Nietzsche)*

»Mathe ist ein Schwein!«

»Deutsch gelernt bei Meister Yoda du hast.«

»Ich komm nicht an die Tafel. Gib mir mal bitte deine Ritter-Sport rüber.«

## ACHTUNG, FALSCHE HASEN & PHRASEN

*Mittlere Reife* ist ein Schulabschluss und kein Zertifikat für französischen Weichkäse.

Die *PISA-Studie* beschäftigt sich definitiv nicht mit dem schiefen Turm der italienischen Stadt Pisa. PISA-Studien sind internationale Schulleistungsuntersuchungen, die den Bildungsstandard in verschiedenen Ländern untersuchen.

## SITUATIVES PHRASELN

»Über das Lehrerzimmer sollte man ein Schild hängen: Wo getrunken wird, da lass dich nieder!«

## DER ERFUNDENE FACHBEGRIFF

*Berufskolleg* – saloppe Bezeichnung im Ruhrgebiet für einen türkischen Mitarbeiter

*Brückentag-Fieber* – leicht erhöhte Körpertemperatur zwischen 37° und 37,6°, die Lehrkräfte an Brückentagen ans Bett fesselt

# 22. KOCHEN

Die besten Köche der Welt sind Männer, wenn man den internationalen Hitlisten glauben darf. Eigentlich eine

Sauerei. Da schnibbeln und brutzeln die Frauen seit Jahrtausenden und mühen sich in der Küche ab, und dann kommen da ein paar Kerle her, machen auf dicke Hose am Topf und kriegen die Michelin-Sterne. Seien Sie beruhigt: Die meisten Männer können nicht kochen. Nur essen. Und das noch nicht mal immer mit Stil. Umso mehr beeindruckt es Frauen, wenn Kerle zumindest mitreden können, wenn es ums Essenzubereiten geht. Es wirkt irgendwie modern und bodenständig zugleich, wenn Sie den Eindruck erwecken, ein Titan am Topf zu sein. Aber Vorsicht: Auch hier lauern Fallstricke. Sie können sich so was von blamieren, wenn Sie zum Beispiel denken, dass man sich beim Anschwitzen den Zutaten mit seinen feuchten Achselhöhlen nähert. Weitere Missverständnisse, die Sie peinlich reinreißen können: Ein »Entrecote« ist kein Hundehaufen im Eingangsbereich eines Hauses, sondern der französische Name für ein Stück leckeres Rindfleisch aus der Zwischenrippe. Und stehen Sie bitte wieder auf: Niedriggaren heißt nicht, das man sein Essen in Fußbodenhöhe zubereiten soll.

## INTELLEKTUELLE PHRASEN

**»Die Königin der Kochrezepte ist für mich immer noch die Phantasie.«**

**»Hunger ist ja der beste Koch.«**

**»Ist doch irgendwie faszinierend: Jedes Lebensmittel von fester Konsistenz wird weich, wenn es herumliegt. Und jedes, das mal weich war, wird beim Herumliegen hart.«**

»Nach dem Essen sind auch die Gelehrten Gefüllte.« *(Kuno Klaboschke)*

»Der Mensch lebt nicht vom Brot allein. Heutzutage nimmt er auch noch Geschmacksverstärker, Konservierungsstoffe und Pestizide dazu.« *(Willy Meurer)*

»Nach einem guten Essen kann man jedem vergeben – sogar seinen eigenen Verwandten.« *(Oscar Wilde)*

»Essen – das ist Balsamico für meine Seele!«

»Ist das Herz auch frisch? Ja natürlich, oder wollen Sie ein EKG machen?«

»Der Tomate ist nichts passiert. Es gibt also keine passierten Tomaten.«

»Meck buper.« *(»Schmeckt super« mit vollem Mund gesagt).*

»Conchita Wurst ist bi-vegan.«

Wenn das Roastbeef im *Smoker* zubereitet wurde, bedeutet das nicht, dass es sechs Stunden offen in einem dieser Rauchpilze auf einem Flughafen rumgelegen hat. Ein Smoker ist vielmehr ein spezielles Grillgerät.

Gut abgehangenes Fleisch ist kein älterer Herr, der ein paar Stunden allein in einer Kneipe verbracht hat, sondern Fleisch, das vor der Zubereitung ein paar Tage zum Reifen am Haken aufgehängt wurde.

*Gorgonzola* ist kein japanisches Monster, sondern ein Weichkäse, ähnlich dem in Ihrer Hirnschale.

*Falafel* ist kein Obst, das irgendwo runtergefallen ist, es handelt sich hier vielmehr um frittierte Gemüsebällchen aus Syrien.

Und keine Angst vor *Granatäpfeln*. Die können nicht explodieren.

### ▶ SITUATIVES PHRASELN

»Schatz, ich kann nicht sehen, wie du dich in der Küche abschuftest. Mach bitte mal die Tür zu.«

### ▶ DER ERFUNDENE FACHBEGRIFF

*Feuerstuhl* – Toilettengang nach scharfem Essen

*Eigelb-Carpaccio* – hauchdünne Scheiben vom rohen Eigelb. Darf nur von Sterneköchen aufgeschnitten werden

## 23. AUTOS

Ein Thema, das den Puls bei einigen Männern so schnell beschleunigt wie ein Lamborghini Countach. Und da sind wir auch schon bei der ersten möglichen Blamage – denn Lamborghini wird »Lamborghini« ausgesprochen und nicht »Lambodschinie«. Von Countach wollen wir gar nicht erst anfangen, denn nach dem Auftakt sind Sie bei echten Autofreaks schon so beliebt wie Fliegenflatschen auf der Windschutzscheibe. Fangen wir also lieber ganz rudimentär an: Ein Ottomotor hat nichts mit dem jodelnden Altkomiker aus Ostfriesland zu tun. Rudolf Diesel hat nicht die italienische Modemarke gegründet, sondern den Dieselmotor erfunden. Ein »Selbstzünder« ist dementsprechend auch kein tibetanischer Mönch, der sich aus Protestgründen anzündet, es ist nur eine andere

Bezeichnung des Dieselmotors. Selbstzünder, das heißt: Der eingespritzte Kraftstoff entzündet sich, ohne dass ein Zündfunke notwendig ist. Sie merken schon – vermeiden Sie die komplizierte Technik und flüchten Sie sich lieber in pseudolässige Allgemeinplätze wie »Innenräume können die Italiener wie kein Zweiter«. Und zum guten Schluss noch etwas Lehrreiches: Kia und Hyundai sind südkoreanische Automarken und keine beliebten Vornamen für Mädchen im Ruhrgebiet.

## INTELLEKTUELLE PHRASEN

»Carl Benz fuhr selber am liebsten nur Fahrrad mit Helm.«

»Die Inder haben ihre Kühe, die Deutschen bevorzugen Autos.«

»Ein Auto wird erst dann richtig alt, wenn der Nachbar sich ein neues kauft.«

## ERHABENE ZITATE

»Der Deutsche fährt nicht wie andere Menschen. Er fährt, um recht zu behalten.« *(Kurt Tucholsky)*

»Wenn ich die Menschen gefragt hätte, was sie wollen, hätten sie gesagt, schnellere Pferde.« *(Henry Ford)*

## ENTLASTENDE KALAUER

»Niki Lauda war ja der erste Keinohrhase.«

»Nicht nur Julia liebte Romeo – auch Alfa.«

»Parkplatz – eine Fläche, die verschwindet, während man wendet.«

»Wenn ich sterbe, dann bitte friedlich im Schlaf wie mein Opa – und nicht schreiend wie seine Mitfahrer.«

Wenn jemand *Daihatsu* sagt, müssen Sie auch nicht dauernd übertrieben besorgt »Gesundheit« rufen. Fragen Sie lieber nach, welches Modell dieser japanischen Automarke Ihr Gesprächspartner fährt.

Janis Joplin sang nicht »Oh Lord, won't you buy me a Suzuki Swift«, sondern »a *Mercedes-Benz*«.

Auf *Bremsen* sollte man nicht mit einer Fliegenklatsche hauen.

💬 **SITUATIVES PHRASELN**

»Mein Lieblings-Beetle? Ich mochte Ringo mit seinen traurigen Kulleraugen immer sehr gerne.«

🔍 **DER ERFUNDENE FACHBEGRIFF**

*Mösenstövchen – obszöne Bezeichnung für Sitzheizung*
*Gonadentoaster – obszöne Bezeichnung für Sitzheizung*

## 24. SMARTPHONES

Für Menschen, die noch mit einem Schnurtelefon mit Wählscheibe aufwuchsen, ist und bleibt das Smartphone das letzte große Weltwunder. Und wer sich im Freundeskreis nicht total blamieren will oder gar als Zeitgeistversager herumgereicht werden möchte, der sollte sich mit diesem Trendthema auskennen. Hier also ein paar Basics: Das beliebte iPhone von der Firma Apple wird weder vor jeder Anwendung mit hart gekochten Eierscheiben belegt, noch in der Obstauslage eines Supermarkts angeboten. »i« ist englisch für »ich« und Apple der Name des Smartphoneherstellers. Wenn jemand »unterdrückt« anruft, dann telefoniert er nicht vom Iran oder Nordkorea aus mit Ihnen – er verhindert lediglich, dass seine Nummer angezeigt wird. Jetzt dämmert Ihnen wahrscheinlich schon, dass Ihr Smartphone auch im eingeschalteten Flugmodus gar nicht fliegen kann. Und für eMails und das Surfen (siehe auch das Thema »Computer«) im Internet und andere Funktionen brauchen Sie zu Hause oder unterwegs ein W-LAN. Nein, das tut nicht weh: Das ist nur die Abkürzung für Wireless Local Area Network, kurz Funknetz.

## INTELLEKTUELLE PHRASEN

»Steve Jobs selber hielt ja das reine Telefonieren für ein überholtes Kommunikationsmodell und lehnte es rundweg ab, darüber am Handy zu sprechen.«

»Wer wirklich wichtig ist, braucht kein Smartphone.«

»Die Amerikaner sagen ja gar nicht Handy zum Handy.«

»Wenn dein Telefon nicht klingelt, dann weißt du, dass ich es bin.«

## ERHABENE ZITATE

»Unerreicht sind nur noch Leute ohne Handy.« *(Klaus Klages)*

»Das Handy fungiert als Herzschrittmacher ersterbender Gesprächskultur der Postmoderne.« *(Prof. a.D. Dr. Peter Cerwenka)*

## ENTLASTENDE KALAUER

»Gestern habe ich einen DJ angerufen. Aber der hat aufgelegt.«

»Ich wollte vorhin im Krankenhaus anrufen – falsch verbunden.«

»Gestern bei den Weight Watchers angerufen. Hat keiner abgenommen.«

»In China gibt es keine R-Gespräche.«

## ACHTUNG, FALSCHE HASEN & PHRASEN

Der *SMS-Service* verbindet Sie nicht mit der nächsten Domina. SMS heißt Short Message Service und bedeutet lediglich, dass kleine Textnachrichten von Smartphone zu Smartphone übertragen werden können.

Die *Akkulaufzeit* muss nicht beim morgendlichen Joggen gemessen werden. Sie zeigt nur an, wie lange die Batterie Ihres Smartphones hält.

*Wi-Fi* ist keine speziell für Handybenutzer entwickelte Minisalami. Es ist ein Synonym für W-LAN.

## SITUATIVES PHRASELN

»Mein Fahrrad hat einen tollen Klingelton.«

## DER ERFUNDENE FACHBEGRIFF

*iRan* – türkisches Handy mit integriertem Joghurtdrink
*Smartie* – sehr kleines Smartphone
*Fritz Lang* – Erfinder der Kurznachricht

## 25. KÄSE

In Zeiten, in denen Fleischfresser den Ruf eines mordlüsternen Ökoterroristen genießen, sollten Sie sich schnell und unbefangen mit dem Thema Käse auseinandersetzen. Als Käsefreund kann man auf einfachste Art und Weise Sympathiepunkte bei attraktiven, tierfreundlichen Damen gewinnen – wenn man sich auskennt. Wer allerdings schon auf die simple Frage »Mögen Sie eigentlich Roquefort?« erwidert, dass die großartige Detektivserie »Rockford – Anruf genügt« mit James Garner in den 70ern seine Lieblingssendung im Fernsehen gewesen ist, sollte unbedingt seine Käsekenntnisse auffrischen. Fangen wir einfach an: Ein Emmentaler ist ein Käse und keine Schweizer Währung. Weitere Käsesorten, bei denen es zu Missverständnissen kommen kann: Dolce Latte ist kein berühmter italienischer Pornodarsteller, sondern – der Name führt ein wenig in die Irre – ein Weichkäse. Wenn von einem Schimmelkäse die Rede ist, müssen Sie auch nicht den Verzehr mit den Worten »Ich bin ein großer Pferdenarr« verweigern. Gemeint sind »Schimmelpilzkulturen«, die bei der Reifung des Käses entstehen.

## INTELLEKTUELLE PHRASEN

»Je mehr Käse, desto mehr Löcher. Je mehr Löcher, desto weniger Käse. Also: Je mehr Käse, desto weniger Käse!«

»Der Holländer selber macht sich gar nichts aus Käse, das ist für 67,9% der Bevölkerung ein reines Exportprodukt.«

»Der Moncleur Privée Duchamps hat diese feine, fruchtig-würzige Note bedingt durch die traditionelle Veredelung seiner Rinde.«

## ERHABENE ZITATE

»Ein Nachtisch ohne Käse ist wie ein schöne Frau, die

nur ein Auge hat.« *(Anthelme Brillat-Savarin)*

»Es ist schwer, ein Volk zu regieren, das 246 Sorten Käse hat.« *(Charles de Gaulle)*

»Ein Gärtchen, Feigen, kleine Käse und dazu drei oder vier gute Freunde, das war die Üppigkeit Epikurs.« *(Friedrich Nietzsche)*

## ENTLASTENDE KALAUER

»Guten Tag, sind Sie nicht Pierre Brie?« – »Nein, ich bin Pierre Brice.« – »Da können Sie mal sehen, wie schnell ich immer umschalte, wenn Sie im Fernsehen sind.«

»Im Keller bei uns überwintert ein Käseigel.«

»Askese – ein Milchprodukt für Yogis.«

»Meine Käsenockenwelle ist defekt.«

## ACHTUNG, FALSCHE HASEN & PHRASEN

*Gorgonzola* ist keine japanische Monsterechse, die New York zerdeppert – das war Godzilla.

*Al Capone*, der berühmte Mafioso, hatte keinen Bruder namens Mascarpone.

*Halloumi* ist nicht etwa ein freundlicher Gruß von der Alm an die Omi – gemeint ist hier eine Weichkäsespezialität aus Zypern.

*Käsespätzle* ist kein kleiner Vogel, sondern ein Nudelgericht.

## SITUATIVES PHRASELN

»Mist, mein Dammer ist leer.«

»Red keinen Käse.«

»Käse ist meine Laibspeise.«

*Racletteverschluss* – Cellophanhülle mit Klettmechanismus zum mehrmaligen Wiederverschließen des Käsefondues

*Camenhavartibrie* – sehr teurer französisch-dänischer Edelstinkkäse

## 26. GEOGRAPHIE

Seitdem das Fliegen heutzutage manchmal billiger ist als ein exzessiver Kneipenabend mit anschließender Taxifahrt nach Hause, reisen immer mehr Menschen durch die weite Welt und erzählen in Gesprächsrunden von ihren Reiseerlebnissen. Und da kommen wir auch schon zur Kernproblematik: Es kann schnell peinlich werden, wenn außer Ihnen kein anderer Ihrer Gesprächspartner den Ural für einen speziellen russischen Blowjob hält. Aber woher sollen Sie wissen, dass der Ural ein Gebirge in Russland ist, wenn Sie schon andauernd die Gebirgskette Pyrenäen mit Pygmäen verwechseln. »Pygmäen« ist ein Sammelbegriff für eine Gruppe kleinwüchsiger, afrikanischer Völker. Jetzt ahnen Sie schon, dass es »Papa Neuguinea« gar nicht gibt, den Sie eben noch wortreich als eine Art Schutzheiligen »da unten in Asien« gepriesen haben. Sie meinen Papua-Neuguinea, den drittgrößten Inselstaat der Welt im Pazifik. Geographie hat ihre Tücken, und wer hier fachmännisch auftrumpfen will, sollte sich wenigstens ein bisschen auskennen. Fangen Sie mit einfachen Sachen an wie zum Beispiel »Hauptstädte der Welt« und merken Sie sich: Kuala Lumpur ist die Hauptstadt von Malaysia und kein Eukalyptusbärchen am Pfefferminzbaum.

## INTELLEKTUELLE PHRASEN

»Die Ur-Peruaner selber kennen gar keine Panflöten. Das hat sich Humboldt alles nur ausgedacht.«

»Für mich war Bombay auch vor '96 immer Mumbai.«

»Für *Holland* als Land mit ›H‹ darf es bei *Stadt, Land, Fluss* eigentlich keine Punkte geben.«

## ERHABENE ZITATE

»Die gefährlichste Weltanschauung ist die, die die Welt nicht angeschaut hat.« *(Alexander von Humboldt)*

»Europa ist kein geographischer Erdteil, sondern ein kultureller.« *(Oskar Kokoschka)*

»Es ist nichts, was den geschulten Verstand mehr kultiviert und bildet, als Geographie. Geographie ist die Mutter der Wissenschaften!« *(Immanuel Kant)*

## ENTLASTENDE KALAUER

»Ich trage am liebsten Turnschuhe von Addis Abeba.«

»Tu dies nicht, tu das nicht, Tunesien.«

»Haben Japaner Angst? Ja, panische sogar!«

»Das Basilikum ist ja von Putin bedroht.«

»Ich habe das Tote Meer umgebracht.«

## ACHTUNG, FALSCHE HASEN & PHRASEN

»Am *Hindukusch* müssen sich keine Hindus schleunigst vom Acker machen. Hindukusch ist nur der Name eines Gebirges in Afghanistan und Pakistan.«

»In der Ägäis sind nicht die herrlichen Chlamydien, sondern die *Kykladen*. Chlamydien sind Bakterien, mit denen man sich beim ungeschützten Geschlechtsverkehr infizieren kann.«

**SITUATIVES PHRASELN**

»Ich kann nur Sonnenuntergang auf Finnisch: Helsinki.«
»Auf der Insel Krk werden keine Vokale benutzt.«

**DER ERFUNDENE FACHBEGRIFF**

*Teil-Land* – von 1652 bis 1798 inoffizieller Name für lockeren Staatenbund von Kleinstaaten aus dem 1799 nach der Pno-Kum-Khan Revolution Thailand gebildet wurde
*Kakaosus* – Gebirgsregion bei Sarotti
*Flandern* – belgisches Wort für Geschlechtsverkehr

## 27. GEWERKSCHAFT

Gewerkschaften, Arbeitnehmervertretung. Klingt alles spießig, oder? Aber Obacht. Der Kapitalismus haucht nach und nach sein fauliges Leben aus (der Kommunismus hat das schon hinter sich. Die Krise ist da. Der Wettbewerb am Arbeitsmarkt wird härter. Immer mehr Leute kriegen den ganzen Sadismus entfesselter Personalabteilungen zu spüren. Abmahnungen, betriebsbedingte Kündigungen, zusätzliche Aufgaben, Wochenendarbeit – die Liste der Grausamkeiten ist lang. Das Thema »Mein Recht am Arbeitsplatz« wird auch für den Smalltalkbereich immer wichtiger. Es kommt sehr cool rüber, wenn Sie sich da quasi so ganz nebenbei mit guten Tipps und kundigem

Rat einbringen können. Peinlich ist es aber, wenn Sie zum Beispiel annehmen, dass Streikbrecher, Leute sind, die sich bei Arbeitsniederlegungen ständig übergeben müssen. Und merken Sie sich endlich: Der Flächentarif gilt auch auf Bergen, Vollbeschäftigung kann selbstverständlich auch nüchtern erfolgen und der Arbeitgeberverband ist keine Mullbinde um den verletzten Arm Ihres Chefs, sondern die Interessenvertretung der Bosse.

## INTELLEKTUELLE PHRASEN

»Alle Räder stehen still, wenn mein starker Arm es will!« *(Motto aus der Mottenkiste der Arbeiterbewegung)*
»Die Arbeitnehmer selbst haben dem ollen Bismarck eine Menge zu verdanken, obwohl der die Sozialgesetze natürlich aus taktischem Kalkül eingeführt hat.«

## ERHABENE ZITATE

»Häufig leidet man daran, dass man zwar viel Arbeit, aber keine Aufgabe hat.« *(Helmut Walters)*
»Hier in dem Laden scheißen sie dir auf den Kopf und du sagst auch noch: *Danke für den Hut.*« *(Bernd Stromberg)*

## ENTLASTENDE KALAUER

»Ich habe Schnupfen. Deshalb hab ich Genossen.«
»Der beste Kündigungsschutz – gar nicht erst anfangen zu arbeiten.«
»Verdi war gar nicht selber in seiner Gewerkschaft.«

## ACHTUNG, FALSCHE HASEN & PHRASEN

Ein *Obmann* bringt bei Bedarf keine Tampons vorbei,

sondern fungiert als Vertrauensmann aller Kollegen.

Ein *Manteltarif* kann auch in T-Shirt und Jacke abgeschlossen werden.

Bei einem *Generalstreik* hört nicht die Militärführung, sondern es hören alle Arbeitnehmer auf zu arbeiten.

## SITUATIVES PHRASELN

»Gestern hab ich eine richtig große Lohntüte geraucht. Mann, war ich high!«

## DER ERFUNDENE FACHBEGRIFF

*Lucky Streik* – Arbeitsniederlegung, die der Belegschaft Vorteile brachte

*Betriebs-Rad* – Belegschaftsfahrrad für kurze Stadtfahrten

*Verdi-Kantine* – von der Gewerkschaft Ver.di eingerichteter Ruheraum mit Opernmusik von Verdi

## 28. DIE NORDFRIESISCHEN INSELN

Was? Noch nie gehört von diesen Inseln? Und Sie fragen sich, was dieses maritime Randgebiet überhaupt in diesem Buch soll? Gemach, verehrte Leserinnen und Leser. Eine dieser Inseln kennen Sie alle: Sylt – den vielleicht teuersten Flecken der Republik. Wer hier wohnt oder urlaubt, gehört mutmaßlich zu den oberen Zehntausend oder möchte zumindest dazu gehören. Und deshalb sind diese Inseln im Wattenmeer der Nordsee durchaus ein Smalltalkthema. Ein locker dahingeworfenes »Sylt ist ja überschätzt. Föhr ist das Maß aller Dinge« und schon denken alle, dass Sie der Top-Checker für mondäne Jet-set Urlaubsorte in Deutschland sind. Deshalb räumen wir hier jetzt mal mit ein paar möglichen Missverständnissen auf, erklären ein paar Wattenmeerbasics und liefern schöne Kalauer. Fangen wir mal mit dem Begriff Watt an. Gemeint ist hier nicht die elektrische Maßeinheit und auch nicht das Fragepronomen wie in dem Satz »Watt sachst du?«, sondern die Fläche Meeresboden, die bei Ebbe mehr oder weniger trocken fällt. Das Gegenteil von Ebbe ist die Flut. Da kommt das Wasser zurück. Jetzt warten Sie aber bitte nicht im Fußballstadion aufs Wasser, wenn das Flutlicht eingeschaltet wird. Dieser Ausdruck soll nur das »hineinflutende« Licht beschreiben. Amrum ist auch eine nordfriesische Insel, dort wird aber nicht mehr Rum als anderswo getrunken. Die schöne Insel Föhr erwähnten wir eben schon. Aber es gibt auch Pellworm – das ist kein friesischer Ausdruck für einen beschnittenen Penis, sondern wirklich nur der Name der Insel. So, jetzt sind Sie praktisch ein Friese und sprechen schon beinahe akzent- und grätenfrei mit Seezunge.

## INTELLEKTUELLE PHRASEN

»Es gibt diesen besonderen Duft auf Sylt – in der Seeluft schwebt diese einzigartige Mischung aus Salzwiesen, Watt und Champagner. Herrlich.«

»Kampen! Was sonst auf Sylt außer Kampen? Alles andere ist asozial.«

## ERHABENE ZITATE

»Amrum, du Seelentröster für Verliebte. Du Watt und Schlick. Gibst Vögeln Nahrung.« *(Grit Vielhauer)*

»Ein Fluchen, Erbrechen und Beten. Schallt aus der Ka-
jüte heraus: Ich halte mich fest am Mastbaum. Und wünsche: Wär ich zu Haus!« *(Heinrich Heine)*

## ENTLASTENDE KALAUER

»Ich bin Talkmaster, ich arbeite bei einer Reederei.«
»Backbord gibt's immer Kuchen.«
»Bei Pollerflug müssen Sylter immer niesen.«
»Föhr immer und dich.« *(Rio Reiser Coverband)*
»Autokennzeichen NF – ich dachte immer, das steht für
No Future.«

## ACHTUNG, FALSCHE HASEN & PHRASEN

Mit einem *Strandkorb* können Sie auch nicht im Super-
markt einkaufen gehen, sondern gemütlich drinsitzen.
*Kabeljau* ist kein lustiger TV-Anbieter, sondern ein
Fisch, der gern im Wattenmeer geangelt wird.
*Halligen* sind kleine vorgelagerte Inseln und keine Orte, an
denen es besonders stark hallt, wenn man da rumschreit.

## SITUATIVES PHRASELN

»Bitte kotzen Sie nur kleine Stückchen, sonst ver-
schlucken sich die Möwen.«
»Warum sprichst du so viel? Na, weil ich in einem Haus
mit Red-Dach wohne.«

## DER ERFUNDENE FACHBEGRIFF

*Flutshof* – bäuerliches Anwesen, das untergegangen ist
*»Watten, dass..?«* – beliebte Touristenshow in der Kur-
muschel auf Amrum

## 29. ZAHNÄRZTE

Wir alle kennen das: Man sitzt mit weit aufgerissenem Mund auf dem Behandlungsstuhl, lässt sich das marode Esszimmer ausleuchten, und der Zahnarzt im weißen Kittel bohrt, fräst und prokelt einem mit Wonne im Mund herum. Dabei grunzt er seiner Assistentin emotionslos kryptische verschlüsselte Botschaften zu, die jedem Patienten Angst machen: »Eins vier ist kariös. Okklusal.« Okklusal – das sei hier gleich mal erklärt – hat nichts mit Okkultismus zu tun, sondern heißt »kauflächenwärts«. Gern stellen die Dentisten auch Fragen, die man mit offenem Mund natürlich nur mittels gutturaler Würg- und Brechlaute beantworten kann. Sie nicken beim Lesen, nicht wahr? Richtig, denn wir alle kennen die Pein beim Zahnarzt. Ein ideales Thema also, um in einem Smalltalk das wärmende Gefühl der Gemeinsamkeit zu erzeugen. Sie sollten allerdings wissen, wovon Sie reden. Ein Satz wie »Meine Frau hat ja als Malerin Karies gemacht« klingt blöd, wenn Sie eigentlich »Karriere« meinen. Und wenn Ihnen der Arzt eine Krone anbietet, dann sollten Sie nicht denken, dass Sie den Rest der Behandlung mit dekorativem Kopfschmuck im Behandlungsstuhl sitzen sollen – es geht auch hier wieder um die Rettung eines kariösen Zahnes durch eine Art Schutzhülle. Das kann dauern, deshalb bietet man Ihnen beim Zahnarzt oft eine lokale Betäubung an. Das heißt aber nicht, dass Sie sich nun in der nächstgelegenen Kneipe ins Koma saufen sollen. Der Arzt gibt Ihnen vielmehr eine Spritze mit einem Anästhetikum. Mit Ästhetik hat das insofern was zu tun, als dass das gespritzte Schmerzmittel Ihre Wahrnehmung bzw. Empfindung ausblendet.

## INTELLEKTUELLE PHRASEN

»Man sollte häufig zum Zahnarzt gehen, damit die Zähne gesund bleiben und man nicht so oft zum Zahnarzt muss.«

»Hat der Fuchs noch Zähne, geht er nicht ins Kloster.« *(Sprichwort)*

»In Arsch und Mund wird alles gesund.« *(Dentisten -Weisheit)*

»Dr. Best selber hatte paranoide Angst vor Paradontose.«

## ERHABENE ZITATE

»Der zweite Frühling kommt mit den dritten Zähnen.« *(Walter Matthau)*

»Es gehört zu den vielen Merkwürdigkeiten des Lebens, dass der Mensch immer bissiger wird, je weniger Zähne er hat.« *(Stefan Heym)*

## ENTLASTENDE KALAUER

»Zahnärzte leben oft auf Bohrinseln.«

»Dr. Best hat jeden Abend eine neue Tomate gebürstet.«

»Colgate, Renate!«

»Zahnfleisch ist mein Gemüse.«

»Wie war die Hochzeitsnacht mit deinem Zahnarzt? Er hat überhaupt nicht gebohrt.«

»Wenn ich den sehe, krieg ich so 'n Zahnhals!«

»Morgens anal, abends Elmex.«

Wenn der Arzt Ihnen zu einer *Brücke* rät, müssen Sie nicht eine größere Überquerung Ihres Grundstücks bei einer Hochbaufirma in Auftrag geben – er will Ihnen lediglich einen Zahnersatz implantieren.

Neuerdings wird aber auch mit Keramik gefüllt, was nicht heißt, dass Ihnen der Dentist zerkleinerte Badezimmerfliesen in die Kauleisten quetscht.

*Paradontose* ist nichts Übersinnliches, sondern eine Zahnfleischentzündung.

Eine *Wurzelbehandlung* bedeutet nicht, dass Sie zu Hause an einer Möhre Verschönerungen vornehmen sollen, es geht darum, Ihre Zahnwurzel zu erhalten.

💬 **SITUATIVES PHRASELN**

»Darf ich dich im Auto mitnehmen?« – »Danke, nein, ich bin mit dem Zahnrad da.«

🔍 **DER ERFUNDENE FACHBEGRIFF**

*Manfred von Zahnstein* – berühmter Dentist aus Plombheim

*Kariesmatrix* – erst kürzlich von der Colgate-Stiftung entdeckter Gencode der gemeinen *Carius Dentium*

*Plastinatplomben* – von Professor Günther von Hagen aus Körperwelt-Ausstellungsstücken entwickelte Recyclingplomben

# 30. ITALIEN

Es gibt wohl kaum ein Land, das präsenter in unserem täglichen Leben ist als Italien! Ob Urlaub, Essen, Autos oder Mode – Bella Italia ist allgegenwärtig. Nur Sie können wie immer nicht mitreden. Beginnen wir also lieber mit ein paar einfachen Fakten: Beim Golf von Neapel handelt es sich nicht um ein italienisches Sondermodell von Volkswagen, sondern um eine Meeresbucht. Mailand darf auch im Juni bereist werden, und die berühmte Mailänder Scala ist keine Maßeinheit für Sakkos, sondern eines der bedeutendsten Opernhäuser der Welt. Wenn dort Verdi auf dem Spielplan steht, wird keine Gewerkschaftsmitgliederversammlung anberaumt, Sie Kulturbanause! Giuseppe Verdi war ein italienischer Komponist der Romantik. Wer Antipasti mag, ist nicht gegen Nudeln. Antipasti sind Vorspeisen. Remus und Romulus haben nicht Remoulade erfunden, sondern Rom, die wunderbare Hauptstadt von Italien, gegründet.

## INTELLEKTUELLE PHRASEN

»Rom ist mir einfach zu pittoresk.«

»Italien in seiner jetzigen wirtschaftlichen Verfassung ist ein Damoklesschwert über dem europäischen Stabilitätsmechanismus.«

»Der Italiener ist einfach nicht verlässlich. Aber Schuhe – das können sie.«

## ERHABENE ZITATE

»Der Schöpfer hat Italien nach Entwürfen von Michelangelo gemacht.« *(Mark Twain)*

»Ich kann sagen, dass ich nur in Rom empfunden habe, was eigentlich ein Mensch sei.« *(Goethe)*

»Der Affe bleibt immer Affe, auch in Seide gekleidet.«
*(italienisches Sprichwort)*

## ENTLASTENDE KALAUER

»Es geht Genitalien.«

»Mir ist so kalt. Mach mal die Gladiatoren an.«

»Silvio Berlusconi isst am liebsten Pizza Prostituta.«

»Heute kommt meine Tante Ätna zu Vesuv.«

»Ich hab dem Typen eine Farfalle gestellt.«

»Rigatoni Blair ist der Bürgermeister von Rom.«

## ACHTUNG, FALSCHE HASEN & PHRASEN

*Marcello Masturbani* ist auch kein Synonym für Selbstbefriedigung, sondern die Unfähigkeit, sich den Namen Marcello Mastroianni richtig zu merken.

Ein *Alfisti* ist kein homosexueller Pornodarsteller, sondern ein glühender Anhänger der legendären Automarke Alfa Romeo.

Eine *Minestrone* explodiert auch nicht, wenn man drauf tritt. Eine Minestrone ist eine Gemüsesuppe.

## SITUATIVES PHRASELN

»Wie sagte schon Andy Möller: Mailand oder Madrid – Hauptsache Italien.«

»Das Lied kenn ich. Das ist *Gnocchi on Heaven's Door*.«

## DER ERFUNDENE FACHBEGRIFF

*Carpaccio* – italienisches Wort für Carsharing-Parkplatz

*Ramseszotti* – mindestens 75 Jahre alter, auf ein ägyptisches Rezept zurückzuführender Kräuterlikör

Das neue Camp-David-Hemd blinkt wie eine Litfaßsäule, und Sie haben leider immer noch nicht begriffen, dass Männer ab 45 Jahren nicht mehr mit papageibunt bedruckten Stofflappen durch die Gegend marodieren sollten. Kein Wunder, denn von Mode haben Sie keinen blassen Schimmer. Schlimmer noch: Sie halten einen Trendsetter für einen englischen Jagdhund und können sich nur mühsam daran erinnern, dass eine auf dem Kopf getragene Melone einen Hut und nicht die Frucht meint. Aber sollten Sie eine modebegeisterte Fashionista mit einem Faschisten verwechseln, fangen wir lieber ganz von vorne an, am besten bei den Stoffen. Es gibt keinen Elvisstoff – der Mann hieß Presley und nicht Paisley! Viskose ist eine Chemiefaser aus Cellulose und kein Katzenfutter. Wenn sich Ihre Frau eine Baguettetasche von Ihnen wünscht, dann meint sie nicht einen tragbaren Brotkasten, sondern eine längliche Handtasche. Eine Caprihose darf man auch auf Elba oder Sylt tragen. Und merken Sie sich: Das »kleine Schwarze« war bei der berühmten Modedesignerin Coco Chanel ein Cocktailkleid und nicht wie bei Madonna ein zugekauftes Adoptivkind.

### INTELLEKTUELLE PHRASEN

»Dior selber schlief zu Hause nie ohne seinen alten Frotteebademantel.«

»Ed Hardy hat mehr für den Zusammenhalt des intellektuellen Modepublikums getan als Wolfgang Joop jemals zugeben würde.«

»Das offene Hemd wäre ohne Gunter Sachs nie salonfähig geworden.«

»Calvin Klein und Helmut Lang diskutierten nie auf Augenhöhe.«

## ERHABENE ZITATE

»Der Mode entkommt man nicht. Denn auch wenn Mode aus der Mode kommt, ist das schon wieder Mode.« *(Karl Lagerfeld)*

»Mode ist das, was man selber trägt. Geschmacklos ist das, was andere tragen.« *(Oscar Wilde)*

## ENTLASTENDE KALAUER

»Ich habe eine Lacoste-Intoleranz.«

»Offen gestanden gefällt mir Ihre Hose gut.«

»Bei Haut Couture sollten Sie einen Dermatologen aufsuchen.«

»Mein Lieblingsduft: Apfelsaft von Kate Most.«

## ACHTUNG, FALSCHE HASEN & PHRASEN

Spaghetti Alcantara gibt es nicht. *Alcantara* ist ein Mikrofaservliesstoff und das Spaghettigericht heißt Camorra. Reingelegt – natürlich Carbonara.

*Emo* ist keine Figur aus der Sesamstraße, sondern ein Modestil, der Emotionalität betont.

## SITUATIVES PHRASELN

»Riech mal – kann ich das noch mal anziehen?«

*Bohlen-Shirt* – Bezeichnung für ein besonders auffällig bedrucktes und geschmackloses Polohemd

*Carotinjeans* – mit Farbstoff getränkte Hose, die die Beine natürlich bräunt

*Klumen* – modeln mit über vierzig

## 32. AKTIEN

Männer reden gerne schlau über Aktien. Nicht weiter verwunderlich, bieten doch die hochkomplexe Finanzwelt und ihre nur schwer zu durchschauenden Gesetzmäßigkeiten vielen Angebern immer noch exzellente Möglichkeiten, um reichlich Schaum zu schlagen. Das sollten Sie sich nicht entgehen lassen. Sie wollen doch auch ein Mann von Welt sein. Es gibt selbst zu diesem schwierigen Thema ein paar gute Floskeln und Phrasen, die finanztechnische Ahnung simulieren und effektiv einstreubar sind. Lässig gebrachte Zitate wie: »Kaufe, wenn das Blut auf den Straßen fließt.« positionieren Sie als eiskalten Renditeguru. Aber bedenken Sie: Wer Aktien zeichnet, sitzt nicht mit Ölfarben vor einer Leinwand, sondern kauft Wertpapiere. Und einen Tom-Jones-Index gibt es auch nicht, Sie Schussel! Der amerikanische Aktienindex heißt Dow Jones, merken Sie sich das. Wenn Sie Ihr Geld in ertragreichen Fonds anlegen wollen, ist das sicher eine sinnvolle Rentenanlage – aber was zur Hölle hatten Sie denn mit den 20 Gläsern Lacroix-Bratensauce vor? Das ist doch Sauce! Lernen Sie lieber unsere Phrasen, sonst glauben Sie tatsächlich noch, dass Eurobonds keine

gemeinschaftlichen Staatsanleihen sind, sondern Geheim-
agenten der EU.

## INTELLEKTUELLE PHRASEN

»Wenn der kleine Mann kauft, ist es Zeit, eine Aktie ab-
zustoßen.«

»Ein Blick auf den DAX reicht mir. Wir haben eindeutig
mal wieder einen volatilen Markt.«

»Es gab ja noch nie so viel billiges Geld. Dank unserer
Notenbanken.«

»Deflation. Ja, ich sage: Deflation. Das ist mittlerweile
eine reale Gefahr in den westlichen Industrienationen.«

## ERHABENE ZITATE

»Die Börse hängt nur davon ab, ob es mehr Aktien als
Idioten oder mehr Idioten als Aktien gibt.« *(André
Kostolany)*

»Die Märkte können länger irrational bleiben, als du sol-
vent.« *(John Maynard Keynes)*

## ENTLASTENDE KALAUER

»Ich glaube, es wird glatt heute – ich werde mal meine
Aktien breit streuen.«

»An der Börse gibt es keine Toiletten. Die bescheißen
sich alle gegenseitig.«

»Scheiße, mein Dachfonds ist im Keller.«

»An Crashtagen darf man ruhig mit dem Auto zur Bank
fahren.«

Wenn Ihnen jemand sagt, heute sei der richtige Zeitpunkt zum *Einstieg* bei einem Unternehmen, dann müssen Sie da nicht nachts einbrechen, sondern nur dessen Aktien erwerben.

Bei einem *Bullenmarkt* brauchen Sie keine Angst vor der Polizei zu haben. Da läuft es einfach nur gut an der Börse.

Die *Börse* ist kein besonders großes Portemonnaie, sondern der Ort, wo die Aktien gehandelt werden.

**SITUATIVES PHRASELN**

»Winnetou? – Der hält bei meiner Bank etliche Stammaktien.«

»Jacques Cousteau war der Erste, der mit Börsenhaien getaucht ist.«

**DER ERFUNDENE FACHBEGRIFF**

*Rendieter* – unter Aktienhändlern beliebter Vorname für den männlichen Nachwuchs

*Anlagenberater* – Fachverkäufer bei Sony

*Zinssoldaten* – Söldner, die finanziert oder geleast werden und ihrem Besitzer dadurch einen Gewinn erwirtschaften

## 33. ERNÄHRUNG

Ein unglaublich wichtiges Thema, das besonders bei Frauen richtig angewendet zum durchschlagenden Erfolg avancieren kann. Denn nichts ist für Frauen so wichtig wie das Thema Kalorien. Und vor allem: Kalorienvermeidung. Wenn Sie also schon bei einfachen Termini wie Cerealien hilflos stammeln, weil Sie Selbige für die bunt glitzernde Steinsammlung der Gastgeberin gehalten haben: Ihr Pech – Zerealien ist einfach nur das lateinische Blendwort für Getreide. Klingt ja auch auf der Müsliverpackung viel bedeutender als die langweiligen Haferflocken. Mr. Spock von Raumschiff Enterprise war auch kein Veganer, sondern Vulkanier. Veganer meiden alle Nahrungsmittel tierischen Ursprungs und haben wenig Humor. Dennoch kann ein Kalauer wie »Die essen ja nichts, was einen Schatten wirft« so manche Runde auflockern. Und Vorsicht beim Thema rechtsdrehende Joghurtkulturen: Das bedeutet nicht, dass Sie den Joghurtbecher beim Essen festhalten müssen. Es bedeutet nur, dass Ihre Darmschleimhaut durch die L-plus-Laktate (eben die rechtsdrehende Milchsäure) besser geschützt wird. Darmschleimhaut ist allerdings ein Wort, das man während des Essens besser vermeiden sollte. Es klingt so unschön. Das Gleiche gilt für die Wörter Magensaft und Fettstuhl. Hilfestellung für gesunde Ernährung und eloquentes Plaudern zum Thema gibt es nun mit unseren Phrasen.

## INTELLEKTUELLE PHRASEN

»Wer Tofu nicht verträgt, sollte einfach mal versuchen, diesen durch Fleisch zu ersetzen.«

»Man muss im Leben stets daran denken, zum richtigen Zeitpunkt Ballaststoffe abzuwerfen.«

## ERHABENE ZITATE

»Es gibt Leute, die nur aus dem Grund in jeder Suppe ein

Haar finden, weil sie davorsitzen und so lange den Kopf schütteln, bis eines hineinfällt.« *(Friedrich Hebbel)*

»Essen ist eine höchst ungerechte Sache: Jeder Bissen bleibt höchstens zwei Minuten im Mund, zwei Stunden im Magen, aber drei Monate an den Hüften.« *(Christian Dior)*

»Es wird mit Recht ein guter Braten gerechnet zu den guten Taten.« *(Wilhelm Busch)*

## ENTLASTENDE KALAUER

»Ich bin eingefleischter Vegetarier.«

»Silvio Berlusconi ernährt sich ausschließlich von Puffreis.«

»Wer häufig verschläft, sollte sich ein Weckglas anschaffen.«

## ACHTUNG, FALSCHE HASEN & PHRASEN

*Trennkost* bedeutet nicht, dass Sie in der Küche essen und Ihre Frau im Wohnzimmer. Es ist vielmehr eine Ernährungsform, bei der eiweißhaltige und kohlenhydrathaltige Lebensmittel nicht gleichzeitig gegessen werden.

## SITUATIVES PHRASELN

»Warum ich so dick bin? Ich wohne in Essen.«

## DER ERFUNDENE FACHBEGRIFF

*Zilchmucker* – fermentierender Zusatzstoff aus der Analdrüse des Raclettekäfers

*Glutamax* – asiatische Imbisskette

*Abgranteln* – Gemüse vor der Zubereitung in das Zimmer eines pubertierenden Teenagers hängen

Wir kennen das alle. Man steht irgendwo zwanglos mit ein paar Freunden oder Bekannten zusammen, und wenn einem – abgesehen vom Klassiker Wetter – wirklich gar nichts mehr einfällt, worüber man dampfplaudern kann, dann ist dieses Thema ein garantierter Selbstläufer: Steuern und die leidige Steuererklärung. Könner eröffnen dieses heikle Thema mit der kopfschüttelnd vorgetragenen Klage, dass Gevatter Staat einem jedes Jahr mehr aus der Tasche zieht. Jeder wird Ihnen zustimmen, allein schon, um nicht ins gesellschaftliche Abseits zu geraten. Doch wer mehr als die üblichen Gemeinplätze ablassen will, um sich bei der anwesenden Damenwelt als solventer Finanzfuchs zu präsentieren, der sollte sich einen Hauch besser in diesem Thema auskennen. Peinlich, wenn man verkündet, dass man sich extra für das Ehegattensplitting getrennte Schlafzimmer einrichten will. Und die ominöse Geldwäsche passiert zwar auch, wenn Sie Ihre verschwiemelten Münzen mal wieder mit der Jeans mitgewaschen haben. Aber natürlich bezeichnet man so vor allem das Säubern von illegal erworbenem Geld (etwa durch eine Drogerie) mittels Überführen in legale Geschäftsumfelder (zum Beispiel Puff). So, bevor Ihnen der Steuertopf überkocht, ab zu unseren Listen:

## INTELLEKTUELLE PHRASEN

»Die Versprechungen der Parteien von heute sind die Steuern von morgen.«

»Was übriglässt Christus, das holt sich der Fiskus.«

## ERHABENE ZITATE

»Die öffentliche Hand befindet sich meist in unseren Taschen.« *(Ilona Bodden, Schriftstellerin)*

»Die einzige abartige Veranlagung, die ich kenne, wird vom Finanzamt verschickt.« *(Wolfgang Neuß)*

## ENTLASTENDE KALAUER

»Der graue Kapitalmarkt ist nur was für Rentner.«

»Die Flick-Affäre wäre ohne ›l‹ auch nicht skandalöser.«

»Am FKK-Strand wird ein Freibetrag erhoben.«

»Ich hätte gerne eine Stulle mit Bewirtungsbeleg.«

»Sprechen Sie beim Finanzamt grundsätzlich in ganzen Steuersätzen.«

## ACHTUNG, FALSCHE HASEN & PHRASEN

*Grundsteuern* werden auch ohne triftigen Grund erhoben.

Die *Körperschaftssteuer* wächst und fällt nicht proportional zu Ihrem Hüftspeck.

Ein *Steuerberater* ist kein Fahrlehrer.

## SITUATIVES PHRASELN

»Ein halber Steuersatz mit Pommes bitte!«

## DER ERFUNDENE FACHBEGRIFF

*Kalte Progression* – Gazpacho in der Kantine des Finanzamtes

*Steuerbord* – Codewort in der Bootsmaklerszene für eine aus nicht angegebenen Gewinnen erworbene Luxusyacht

Computer sind aus unserem heutigen Leben nicht mehr wegzudenken. Fast jeder hat einen und hockt täglich vor diesen Wunderwerken der modernen Technik. Und da liegt das Problem: Die wenigsten verstehen, was in Computern abläuft. Und die Fachsprache in dieser Branche ist wirklich die Pest. Dennoch sollte ein Mann von Welt ein paar Basics draufhaben, oder wollen Sie wie Opa Karl-Hirni wirken, der sich seinen Computer vom sechsjährigen Enkel erklären lassen muss? Also, wenn Sie ein Kollege am Arbeitsplatz nach einem Blick auf Ihren Bildschirm auffordert, doch mal wieder Ihren Papierkorb zu entleeren, dann kippen Sie ihm bloß nicht umgehend Ihren Mülleimer vor die Füße, sondern löschen Sie einfach nur mit einer eleganten Handbewegung überflüssige Daten. Und diese Nachricht wird Sie erfreuen: Wenn sich Ihr Computer im Stand-by-Betrieb befindet, müssen Sie nicht die ganze Nacht neben dem Rechner stehen. Der Computer »schläft« sozusagen nur, und Sie können das dann ruhig auch tun. Wenn Sie jemand fragt, welchen Browser Sie benutzen, dann sollten Sie auf keinen Fall leutselig antworten: »Ich kaufe nur Duschköpfe von Grohe. Das sind die besten.« Mit einem Browser surfen Sie im Internet. Ganz ohne Segel.

### INTELLEKTUELLE PHRASEN

**»Es wird der Tag kommen, an dem das menschliche Bewusstsein in einem Computer simulierbar sein wird. Dann bleibt uns Menschen nur noch das Unbewusste.«**

»Computer an sich werden überschätzt. Eigentlich geht es da doch nur um Nullen und Einsen.«

»Wenn der Computer wirklich alles kann, dann kann er mich mal kreuzweise.« *(Manfred Schmidt)*
»Der Mensch ist immer noch der außergewöhnlichste Computer von allen.« *(John F. Kennedy)*

## ENTLASTENDE KALAUER

»Ich sage die Wahrheit! Darauf gebe ich Ihnen mein Passwort.«
»Von Bluetooth kriegt man blaue Zähne.«
»Nur Viagra sorgt für stabile Hardware.«
»Steve Jobs hat als Arbeitsvermittler angefangen.«

## ACHTUNG, FALSCHE HASEN & PHRASEN

Ein *Windows*-Rechner zählt nicht die Fenster im Haus.
Das *Startmenü* ist keine Vorspeise, sondern ein Programm auf Ihrer Festplatte.
Der *Bildschirmschoner* ist kein flauschiger Stoffbezug.
Ein *USB-Stick* ist keine Salzstange, sondern ein digitales Speichermedium.
Wenn von *Cloud* die Rede ist, müssen Sie nicht nach Ihrer Brieftasche tasten. Das ist eine Datenwolke und hat mit Klauen nix zu tun.

## SITUATIVES PHRASELN

»Sie gehen mir echt ganz schön auf den Cookie.«

*DDR-Ram* – ostdeutsche Speicherkarte (bis 1989)

*iBuko* – von Apple entwickelte, exklusive Laptop-Edition für den dänischen Markt

## 36. REZEPTE BZW. KOCHEN II

Das musste ja so kommen. Vati hält sich für genauso charmant und locker wie Jamie Oliver, seit er neulich die Spiegeleier unverletzt aus der Pfanne gehoben hat. Die teure Bulthaup-Küche verspottet jedes Cockpit eines Ufos als steinzeitlichen Technikschrott, und nur die edelsten und obskursten Rezepte werden für würdig befunden, sie nachzukochen. Vor allem, wenn viele Gäste da sind. Aber schön aufpassen, liebe Kochfreunde – sonst droht eine veritable Blamage unter der erbarmungslos surrenden Dunstabzugshaube. Peinlich genug, wenn Sie Boeuf Stroganoff immer noch für den Kurier des Zaren halten. Was Sie meinen ist Michael Strogoff, die alte ZDF-Serie von 1975. Bitte merken Sie sich: Kaiserschmarren ist nicht das dümmliche Gefasel von Franz Beckenbauer à la »Die Brasilianer sind keine Holländer.«, sondern eine österreichische Süßspeisenspezialität aus Palatschinkenteig. Vorsicht ist auch beim Thema Fisch geboten: »Forelle Vierkant« ist nur ein flapsiges Synonym für Fischstäbchen. Sie outen sich vollends als kulinarische Lachnummer, wenn Sie zum In-Thema Sushi nichts anderes beisteuern können als: »Ist nicht mein Ding. Habe ich dreimal probiert, war jedes Mal kalt und nicht durch!«

## INTELLEKTUELLE PHRASEN

»Gutes Essen ist Balsamico für die Seele.«

»Bocuse selber isst am liebsten Tütenzwieback mit Schmalz.«

»Beim Essen kommt der Appetit, beim Lernen die Dummheit.«

## ERHABENE ZITATE

»Essen ist ein Bedürfnis, genießen ist eine Kunst.«
*(Francois de La Rochefoucauld)*

»Widme dich der Liebe und dem Kochen mit ganzem Herzen.« *(Dalai Lama)*

## ENTLASTENDE KALAUER

»Kennen Sie den Unterschied zwischen Brokkoli und Popeln? Finden Sie mal ein Kind, das gerne Brokkoli isst.«

»Ich möchte Ihnen ein Gedicht mit vier Küchenzeilen vortragen.«

»Kennen Sie schon diese schicken Fleischtaschen von Dönerteller Versace?«

## ACHTUNG, FALSCHE HASEN & PHRASEN

*Sauerteig* ist nicht beleidigt und macht auch nicht lustig.

Ein *Steinbeißer* ist kein Alpinist, der an Steinen nagt. Der Steinbeißer ist ein über einen Meter langer Meeresfisch, der sehr wohlschmeckend ist.

*Krause Glucke* ist kein zerzaustes Huhn, sondern ein Pilz.

*Strammer Max* ist kein mariniertes Geschlechtsteil aus der Pferdemetzgerei, sondern ein Schinkenbrot mit Spiegelei.

»Ich schlage keine Sahne, ich bin Pazifist aus Überzeugung.«

*Schneekloppe* – aggressives Eisgebäck

*Sushi-Kocher* – Schnellkochtopf, der ein Temperaturthermostat von 0° bis minus 5° hat und sich damit perfekt für rohe Fischgerichte eignet

## 37. WETTER

Der Klassiker. Das Thema, wenn rein gar nichts mehr geht. Aber aufgepaßt – bei keinem anderen Gesprächsthema werden so abgedroschene Phrasen benutzt wie beim Wettertalk. Wer hier punkten, überraschende oder gar smarte Phrasen abliefern kann, ist ein Labertitan. Wer wie Sie jedoch die Niederschlagshäufigkeit noch für einen Beurteilungsparameter der Boxringrichter hält, sollte die Finger vom Wetter lassen. Niederschlag ist lediglich ein anderes Wort für Regen. Ein Zyklon ist immer noch ein tropischer Wirbelsturm im Indischen Ozean und kein miesepetriger Riese mit nur einem Auge, Sie Zyklop. Dass Sie den Begriff Smog schon mal gehört haben, macht ebenfalls noch keinen Wetterexperten aus Ihnen. Schon gar nicht, wenn Sie dann mit der Luftgitarre wedelnd »Smog on the water« grölen. Der Song heißt »Smoke on the Water«. Cunnilinguswolken befriedigen weder sich noch Meteorologen oral, denn solche Wolken existieren nur in Ihrem verworrenen Hirn – der Wetterkundige spricht von Cumuluswolken. Sie gehören zur Gattung der vertikalen Wolken und bestehen nur aus Wasser. Bevor Sie zum Abschluss noch über den Begriff Meteorologe stolpern: Die beschäftigen sich tatsächlich mit dem Wetter. Den Metrolologen, den Sie dauernd erwähnen, gibt es nicht, oder er beschäftigt sich höchstens mit der Metro, der Pariser U-Bahn.

## INTELLEKTUELLE PHRASEN

»Celsius selber rechnete ja im Kopf lieber in Fahrenheit um.«

»Wer sich vom Wetter abhängig macht, verliert ein Stück Selbstständigkeit an Gevatter Zufall.«

»Es gibt keine schlechten Meteorologen, es gibt nur unpassende Wettervorhersagen.«

## ERHABENE ZITATE

»Der Weise äußert sich vorsichtig, der Narr mit Bestimmtheit über das kommende Wetter.« *(Wilhelm Busch)*

»Man darf am Wetter nie verzweifeln, solange noch ein blauer Fleck am Himmel steht.« *(Arthur Schopenhauer)*

## ENTLASTENDE KALAUER

»Aus dem Poesiealbum von Alice Schwarzer: Was haben Wolken und Männer gemeinsam? Es kann nur besser werden wenn sie sich verziehen!«

»Wie kommt eigentlich ein Schneepflugfahrer zur Arbeit?«

## ACHTUNG, FALSCHE HASEN & PHRASEN

Am *Siebenschläfertag* dürfen ruhig mehr als sieben Personen gleichzeitig schlafen.

Das *Klimakterium* ist kein Studiengang der Meteorologie sondern bezeichnet bei der Frau die Jahre der hormonellen Umstellung vor und nach der Menopause.

Eine *Windhose* ist keine schicke Leggins von Jack Wolfskin, sondern ein kleiner Hurrikan.

## SITUATIVES PHRASELN

»Donnerwetter! Ob es schön wird oder regnet, hängt ja meistens doch vom Wetter ab.«

»Wenn es im Sommer schneit, dann ist es meistens Kolumbien.«

## DER ERFUNDENE FACHBEGRIFF

*Zwiebellicht* – besonders gleißendes Sonnenlicht hinter hellen Wolken, das beim Betrachter häufiges Blinzeln verursacht und damit zu tränenden Augen führt

*Flatzregen* – Regen, der von der Seite kommt

*Isobarren* – Turngerät, das in der meteorologischen Ausbildung benutzt wird

## 38. OPTIKER UND AUGENPROBLEME

Die meisten Menschen tragen Brillen oder andere Sehhilfen. Und geben dafür viel Geld aus. Brillen sind mittlerweile anerkannte Statussymbole und somit ein Thema für jeden gepflegten Smalltalk. Ebenso die oft damit zusammenhängenden Augenerkrankungen. Sie sollten allerdings – um im Bild zu bleiben – den Durchblick haben, wenn Sie auf diesem Gebiet verbal loslegen. Auch hier lauern phraseologische Missverständnisse. Grauer Star zum Beispiel ist kein alter Vogel, sondern eine Augenkrankheit. Es handelt sich hier um eine bedauernswerte Trübung der Linsen. Wenn Sie jetzt rufen: »Genau, mir kam die Linsensuppe gestern auch so trübe vor«, dann zeigen Sie mal wieder, wie hart wir hier noch miteinander arbeiten müssen.Es geht natürlich um die Augenlinsen. Wenn jemand über seine Hornhautverkrümmung klagt, dann sollten Sie nicht erwidern, dass Sie auch mal wieder zum Fußpfleger müssen. Es handelt sich hier nicht um die gebogene, gelblich-erstarrte Hornhautschicht an Ihren Mauken, sondern um eine unregelmäßige Krümmung der Augenhornhaut.

## INTELLEKTUELLE PHRASEN

»Ist das Auge das Medium, das Wahrheit offenbart, oder gibt es ein *Mehr*, das sich dem Auge hier entzieht? Das frage ich mich manchmal.«

»Platons Höhlengleichnis sagte ja einiges über das Sehen aus, wenn Sie verstehen, was ich damit sagen will.«

## ERHABENE ZITATE

»Es ist ein Irrglaube, dass Menschen mit Hornbrille, die nur schwarze Kleidung tragen, irgendwelche höhergestellten Ansprüche haben.« *(Harald Schmidt)*

»Ich vermute, dass wir nur sehen, was wir kennen.« *(Friedrich Nietzsche)*

## ENTLASTENDE KALAUER

Die Sehkraft wird auch Starrsinn genannt.

»Schatz, mit der neuen Brille siehst du echt scheiße

aus.« – »Wieso, ich hab doch gar keine neue Brille.« – »Nee, aber ich.«

## ACHTUNG, FALSCHE HASEN & PHRASEN

*Kontaktlinsen* sind nicht kleine Fernrohre, um tolle Frauen auszumachen und dann anzusprechen, sondern kleine, elastische Linsen direkt auf dem Augapfel.

Wenn von *Gleitsicht* die Rede ist, dann ist nicht der schöne Ausblick beim lockeren Skifahren gemeint, sondern die übergangslose Korrektur für alle Sehbereiche zwischen nah und fern.

Im Gegensatz zu Diopter ist *Dioptrin* kein Visier für ein Gewehr, sondern bezeichnet die Brechkraft. Nicht Ihre nach zu viel Alkoholgenuss, sondern die Ihrer Brillengläser.

## SITUATIVES PHRASELN

*Während der Fußpflege:* »Passen Sie auf meine Hühneraugen auf. Ich habe nur noch ein Viertel Sehkraft auf dem linken.«

## DER ERFUNDENE FACHBEGRIFF

*Rezeptoren-Arroganz* – die Eigenschaft des menschlichen Auges, Menschen, die wir nicht mögen, weniger deutlich als uns sympathische zu sehen

*Nerv-Knorpel* – der Teil des Auges, den wir verdrehen können, wenn wir mit den Augen rollen

Beinahe jeder liebt Kino. Besonders Frauen schätzen eine gepflegte, cineastische Unterhaltung im Kreise Gleichgesinnter. Mit anschließender Diskussion bei einem Glas Wein über die Frage, was uns der Regisseur eigentlich sagen wollte. Da können Sie mit Ihren Kenntnissen von »Rambo 1 bis 6« und allen Schwarzenegger-Filmen nicht wirklich gut punkten. Nein, das gehobene Kino, die großen Klassiker, die Filmkunst gar sollten Ihr Thema sein. Aber dafür muss man sich ein bisschen auskennen. Wenn Sie »Ben Hur« für einen Stricher halten, liegen Sie genau so falsch wie mit der Annahme, dass Fassbinder Behälter für Rum und Whisky herstellte. Der Mann war Regisseur und hat bedeutende Filme wie »Die Bräune der Maria Ehe« gedreht. Ha! Reingefallen – der Film heißt »Die Ehe der Maria Braun«. Sie merken: Die Hauptrolle in Hitchcocks Klassiker »Der Mann, der zu viel wusste« ist definitiv nichts für Sie. Wenn Sie sich nun also cineastisch bilden wollen und in einem Artikel etwas über einen Cutter lesen, dann handelt es sich nicht um irgendeinen Fischerkutter auf der Elbe, sondern um einen Menschen, der Filme schneidet. Man spricht das »Catter«. Wenn jemand auf dem Set Gaffer genannt wird, dann ist das kein Schaulustiger, sondern der Oberbeleuchter.

### INTELLEKTUELLE PHRASEN

**»Fassbinder ist bis heute unerreicht. Allenfalls Haneke reicht heute an ihn heran. Auf ganz andere Weise, versteht sich.«**

»Für mich ist der deutsche Autorenfilm das Nonplusul-
tra der deutschen Kinogeschichte. Allenfalls noch ge-
toppt durch die Phase des Expressionismus. Hier möchte
ich besonders Fritz Lang kurz erwähnen.«

## ERHABENE ZITATE

»Ich will deine Kleider, deine Schuhe und dein Motor-
rad.« *(Der Terminator)*

»Horcht, ich glaub, ich riech was!« *(Ghostbusters)*

»Was ist das? Blaues Licht. Was tut es? Es leuchtet blau.«
*(Rambo)*

»Schwester, können Sie mir bitte einen Blasen- oder
Nierentee bringen?« *(Knockin' on Heaven's Door)*

## ENTLASTENDE KALAUER

»Die Schwester von Dirty Harry heißt Dörte Harry.«

»Ich war beim Filmfestival in Cannes. Kann aber auch
Nizza gewesen sein.«

»Denzel Washington lebt dort gar nicht.«

»Til Schweiger spricht nicht mehr.«

## ACHTUNG, FALSCHE HASEN & PHRASEN

Ein *ausführender Produzent* muss nicht ständig mit dem
Hund des Regisseur raus, sondern die Kosten des Films
überwachen.

Ein *Drehbuch* darf ganz ruhig auf dem Tisch liegen bleiben.

*Mary Poppins* ist kein Softporno von David Hamilton,
sondern ein sehr harmloser Disney-Filmklassiker für die
ganze Familie von 1964.

Wenn Sie hören, dass Cate Blanchett kürzlich einen

*Oscar* bekam, dann ist sie keinesfalls Mutter geworden, sondern mit dem berühmtesten Filmpreis ausgezeichnet worden.

## SITUATIVES PHRASELN

»Tesafilm – immer noch ganz großes Kino!«

## DER ERFUNDENE FACHBEGRIFF

*Nebenrolle* – Von der Filmgewerkschaft vorgeschriebene Körperbewegung, wenn ein Stuntman beim Fallen die Matte verfehlt

*Besetzungsstuhl* – unter Schauspielern gebräuchlicher Begriff für weichen Stuhlgang vor einem wichtigen Casting

## 40. SEXUALITÄT UND FORTPFLANZUNG

Das Thema Nummer 1. Ein gigantisches Smalltalkreservoir. Da hat jeder was beizutragen. Na ja, fast jeder. Zumindest den einen oder anderen versauten Witz kennen Sie doch auch, oder? Zum Beispiel diesen hier: »Sagt der Arzt zu seinem männlichen Patienten: ›Sie müssen dringend aufhören zu onanieren.‹ – ›Wieso das denn, Herr Doktor?‹ – ›Ich kann Sie sonst nicht untersuchen.‹« Mit so einem Scherz kann man ordentlich punkten. Wenn – ja wenn er zur richtigen Gelegenheit den richtigen Leuten erzählt wird. Das erste Kaffeetrinken bei den zukünftigen Schwiegereltern ist eher kein guter Zeitpunkt für solche Witze der derben Art. Aber hier geht es natürlich nicht nur um Scherze. Wer Fakten, Mythen und die neuesten Erkenntnisse der Sexualwissenschaft und Fortpflanzungsmedizin parat hat, kann hervorragend in Gesprächen punkten. Als »Sexperte«. Vorausgesetzt, er kriegt nicht alles durcheinander. Vermeiden Sie Sätze wie: »Ich hoffe, dass ich nie an Sisyphos erkranke.« Sie meinen Syphilis. Sisyphos ist die arme Sau, die immer Steine einen Berg hochwuchtet, die dann hinten wieder runterrollen. Der war aber bis auf seine himmelschreiende Dämlichkeit ansonsten gesund. Der Eisprung ist keine olympische Disziplin, und wenn die Rede vom Mutterkuchen ist, dann sollten Sie nicht eine Tasse Kaffee dazu ordern. Der Mutterkuchen versorgt den Embryo. Man sagt auch Polenta dazu. Glauben Sie natürlich sofort, ja? Es heißt aber richtig Plazenta. Und beachten Sie bitte: Mit einem Diaphragma kann man zwar verhüten, aber keine Fotos an die Wand werfen.

## INTELLEKTUELLE PHRASEN

**»Nicht der Homosexuelle ist pervers, sondern die Situation, in der er lebt.«**

**»Morels Degenerationsbegriff wurde bis etwa 1880 von einer Zivilisationskritik entkoppelt rezipiert. Das muss man sich mal vorstellen.«**

**»Das kann ich nicht beurteilen. Das muss ich nackt sehen.«**

## ERHABENE ZITATE

**»An der Frauenbrust treffen sich Liebe und Hunger.« (Sigmund Freud)**

**»Es ist bemerkenswert, dass die Genitalien selbst, deren Anblick immer erregend wirkt, doch fast nie als schön beurteilt werden.« (Sigmund Freud)**

## ⚽ ENTLASTENDE KALAUER

»Herr Doktor, ich kriege meine Vorhaut nicht mehr zurück.« – »Na ja, die verleiht man ja auch nicht.«

»Wie heißt der kleinste Dom der Welt? Kondom – da kann nur einer drin stehen.«

»Sind die Frauen auch noch so lieb – Handbetrieb bleibt Handbetrieb.« *(Volksmund)*

»Ein gesundes Kind. Dank dem Herrn – der über uns wohnt.« *(Otto Waalkes)*

## ⚡ ACHTUNG, FALSCHE HASEN & PHRASEN

*Bondage* ist seit *Fifty Shades of Grey* ein großes Thema. Sie dachten, das Alter von 007 wäre gemeint? Nein, hier geht es um Fesselspiele.

*Dildo* ist nicht diese nette Sängerin mit der entspannten Stimme, das ist Dido. Ein Dildo ist ein Sexspielzeug in Form eines Phallus.

*Domina* ist kein Eis von Langnese, sondern eine Dame, die Unterwerfung fordert. Sie dachten an Domino. Bei Flutschfinger ist es nun genau umgekehrt. Da denkt man an was Versautes, aber das war mal eine Eissorte.

## 💬 SITUATIVES PHRASELN

»Könnten Sie mich bitte auf die Toilette begleiten, der Arzt sagt, ich darf nichts Schweres heben.«

## 🔍 DER ERFUNDENE FACHBEGRIFF

*Huflattich* – Erregungszustand bei Hengsten
*Zöli-Bad* – Whirlpool für katholische Priester

Griechenland – die Wiege unserer Kultur. Das Land, das uns Aristoteles, das Theater und den Euro-Rettungsschirm gebracht hat. Hier liegt ein weites Feld für schlaue Plaudereien vor uns. Aber bedenke, oh, du Reisender auf dem Weg in den Olymp: Du kannst dort nicht die Apollinaris besuchen. Das ist ein Mineralwasser. Du meinst die Akropolis. So bezeichnet man die noch zu besichtigenden Stadtfestungen des antiken Griechenlands. Also bitte auch nicht »eine Flasche Akropolis Medium« bestellen. Das Pantheon beherbergt mitnichten Panther, sondern Götter. Die trifft man überall in Athen, zumindest als Statuen und auf Fresken. Fresken? Nein, nein, das ist nicht die griechische Kurzform von »Halt die Fresse.« Fresken sind antike Wandmalereien, frühe Graffiti über Götter und Kriegsschlachten. Wenn also von der schönen Helena die Rede ist, dann rufen Sie bitte nicht: »Ich höre ›Atemlos‹ so gern!«, denn den Krieg zwischen Troja und Griechenland hat nicht Helene Fischer, sondern die schöne Helena ausgelöst. Sie müssen also beim Thema Griechenland schon gut zuhören und höllisch aufpassen, sonst blamieren Sie sich bis auf die Knochen, ja?

## INTELLEKTUELLE PHRASEN

»Aristoteles hat im Grunde alles Wesentliche vorweggenommen. Spätere Philosophen haben ihn nur noch ergänzt.«
»Die Rettung der griechischen Banken war alternativlos.«
»Sokrates hätte nicht sterben müssen. Der Mann war störrisch.«

»Freundschaft – das ist eine Seele in zwei Körpern.«
*(Aristoteles)*

»Das Wesen der Dinge hat die Angewohnheit, sich zu verbergen.« *(Demokrit)*

»Wie zahlreich sind doch die Dinge, derer ich nicht bedarf.« *(Sokrates)*

## ENTLASTENDE KALAUER

»Elektra spielt nicht die Hauptrolle in Shakespeares *Was ihr Volt.*«

»Cassandra besaß gar kein Warndreieck.«

»Kommt ein Zyklop zum Auge-Arzt.«

»Wenn es weht, lassen die Griechen gern ihre Drachmen steigen.«

»Alexis Sorbas tanzte gern Souvlaki.«

## ACHTUNG, FALSCHE HASEN & PHRASEN

Es gibt keinen *Medea-Markt* in Athen! Medea ist eine Figur aus einer griechischen Tragödie.

Wenn Sie im Restaurant ein *Moussaka* bestellen, wird niemand niedergemetzelt – außer die Aubergine, die man für diesen leckeren Auflauf braucht.

Bei den *Amazonen* kann man keine Bücher und CDs bestellen, diese Damen waren wilde Kriegerinnen.

*Nike* ist übrigens die Siegesgöttin und verkauft keine Sportschuhe.

## SITUATIVES PHRASELN

»Aphrodite? Hat die nicht den Afrolook erfunden?«

*Griechsalz* – anregendes Gewürz bei Ohnmacht

*Metaxi* – Weinbrand-Bringservice der Firma Metaxa. Kostenlos ab 6 Liter pro Bestellung

## 42. MEDIZIN

Schon wenn man Sie fragt »Wie geht's?« sind wir mitten im Thema. Die Gesundheit ist ein Smalltalkgigant. Jeder hat ja ein Zipperlein, von dem er sofort Zeugnis ablegen kann (Knie, Rücken, Magen, Hormone). Jeder hat schon die dollsten Dinger beim Arzt erlebt. Und sehr viele Mitmenschen haben Mördertipps, was Sie gesund machen kann – oder was Sie auf jeden Fall vermeiden sollten (»Chiropraktik nach Chuck Norris«). Eines aber ist sicher, wenn es um die Gesundheit geht: Je mehr Sie wissen und je überzeugender Sie dieses Wissen in sicherem Ton verbreiten, desto begeisterter werden die Leute an Ihren Lippen hängen. Sie dürfen Ihre gleißende Unkenntnis medizinischer Zusammenhänge nur nicht verraten, indem Sie alles durcheinanderbringen oder grob missverstehen. Für eine Darmspiegelung muss man nicht mit dem nackten Hintern über einem Rasierspiegel hocken – das wird mittels einer kleinen Kamera gemacht, die man Ihnen in den Allerwertesten schiebt. Eine Autoimmunerkrankung bezeichnet nicht die Unfähigkeit, ein Kfz zu steuern. Hier handelt es sich um eine Störung des Immunsystems. Und Obacht, bitte: Ein Tropf ist kein dummer Patient, sondern ein medizinisches Gerät, mit dem man eine Infusion in eine Vene tropfen lässt.

»Es gibt mehr Dinge zwischen Himmel und Erde, als sich unsere Schulmedizin träumen lässt.«

»Es gibt keine gesunden Menschen. Es gibt nur solche, die noch nicht oft genug untersucht wurden.«

## ERHABENE ZITATE

»Nicht jeder, der tat, was er konnte, konnte auch, was er tat.« *(Gerhard Uhlenbruck)*

»Medizin ist die Wissenschaft, die verhindern will, dass die Menschen eines natürlichen Todes sterben.« *(Robert Lembke)*

## ENTLASTENDE KALAUER

»Krank im Wintersport? Ab zu Doktor Ski-Wago.«

»Herr Doktor, jeder ignoriert mich.« – »Der Nächste bitte.«

»Pinocchios Doktor ist ein Holz-, Nasen-, Ohrenarzt.«

»Von einem Allgemeinmediziner hört man ja nie was Konkretes.«

»Antibiotika im Fleisch? Dann lieber gleich Pharma-schinken.«

»Proktologen sind echt fürn Arsch, und Radiologen gucken auch fern.«

## ACHTUNG, FALSCHE HASEN & PHRASEN

Ein *Gefäßchirurg* repariert keine Vasen.

Der *Radiologe* durchleuchtet keineswegs Ihren alten Volksempfänger.

Ein *Gastroenterologe* muss absolut keine Gastwirtschaft besitzen: Er heilt Mägen und Därme.

Auch als Linkshänder werden Sie nach Ihrem Ableben von einem *Rechtsmediziner* untersucht.

### SITUATIVES PHRASELN

»Schlafstörungen? Kenne ich nicht. Ich schlafe durch, dank Ratzio-Pharm.«

### DER ERFUNDENE FACHBEGRIFF

*Flotter Otto* – salopper Ausdruck für Durchfall
*Herr Moriden* – Anrede für jemanden, der sich arschig benimmt
*Klaus Throphobie* – Begründer der Platzangst

## 43. FORMEL 1

Motorsport ist wohl immer noch eine der letzten großen Männerdomänen – und voller Klischees: schnelle Autos, verwegene Rennfahrer, scharfe Topmodels und der Geruch von Benzin und verbranntem Gummi. Die Sache hat nur einen Haken: Nur weil Sie wissen, dass Kimi Räikkönen keine finnische Darkroomsauna ist und Michael Schumacher Rekordweltmeister, haben Sie noch lange keine Ahnung von diesem wichtigen Thema. Wenn Sie in einer echten Männerfachrunde den Experten raushängen lassen wollen, sollten wir lieber noch schnell ein paar Irrtümer aufklären: Natürlich gibt es in der Formel 1 viele Schikanen, aber mit Klingelmäuschen im Fahrerlager oder einer rohen Kartoffel im Auspuff hat das nichts zu tun. Schikanen sind Doppelkurven, die zuerst in die eine Richtung weisen, um dann in die Gegenrichtung zu führen. Ein Monoposto ist kein Rennwagen der Post. Monoposto heißt lediglich, dass der Wagen nur einen Sitz hat. Sicher haben Sie schon mal gehört, dass ein Fahrer im Rennen »die Tür zumacht«. Ist Ihnen ja auch schon mal in Ihrem Passat passiert. Richtig, nur mit dem kleinen Unterschied dass Formel-1-Autos keine Türen haben. Gemeint ist vielmehr: Ein Fahrer schneidet in einer Kurve einen anderen Fahrer und lässt ihn nicht auf der Innenspur überholen, obwohl dieser schneller ist. So, jetzt aber im Eiltempo zu unseren Listen:

## INTELLEKTUELLE PHRASEN

»Senna selber wäre rückwärts noch schneller als die heute.«

»Was Rosberg fehlt, sind schlechte Manieren.«

»Eau Rouge und die 130 in Suzuka sind meiner Meinung nach reine Vollgaspassagen.«

## ERHABENE ZITATE

»Wenn Lewis Hamilton ein Rennen gewinnt, muss er zuerst seinen Sponsoren zur Verfügung stehen. Wenn ich ein Rennen gewonnen hatte, habe ich mich zuerst auf die Jagd nach hübschen Mädchen gemacht.« *(Stirling Moss)*

»Immer wenn sie dachten, sie hätten mich bei den Eiern, mussten sie feststellen, dass ihre Hände nicht groß genug waren.« *(Bernie Ecclestone)*

## ENTLASTENDE KALAUER

»Alain Prost spricht nicht gerne über seine Prostata.«

»Muhammad Ali kennt gar keine Boxenluder.«

»Graf Berghe schmiss Trips.«

»Niki Lauda macht sich nichts aus Stereo.«

## ACHTUNG, FALSCHE HASEN & PHRASEN

*Eau Rouge* ist kein spezielles Mineralwasser für Rennfahrer, sondern eine Kurvenkombination der legendären belgischen Rennstrecke Spa-Francorchamps.

Auf der *Pole Position* steht natürlich nicht immer ein polnischer Fahrer! Wer auf der Pole Position steht, hat den vordersten Startplatz in der ersten Startreihe.

Das *Team Sauber* ist keinesfalls reinlicher als andere Rennställe.

## SITUATIVES PHRASELN

»Das ist ja ein Zufall – ich wohne in der Boxengasse!«

## DER ERFUNDENE FACHBEGRIFF

*Renntier* – besonders brutaler Fahrer

*Auspuffpoker* – Rotlichtvariante des oft zitierten Reifenpokers. Gespielt wird nur in noblen Amüsierclubs.

## 44. MILITÄR

Schon so mancher Smalltalk wurde auf einer Party erst richtig lustig, wenn einige Gäste verschrobene Zoten über ihre Zeit bei der Bundeswehr erzählten. Da können Sie nicht mitreden? Sie waren nicht beim Bund, weil Sie das Saufen nicht vertragen? Oder haben Sie beseelt von Frieden und Pazifismus lieber Zivildienst geleistet? Wenn ja, bekommen Sie nun die Möglichkeit, völlig ahnungslos an einer militärischen Operation teilzunehmen. Wenn Sie Folgendes beachten: Eine militärische Operation bedeutet nicht, dass dem Gegner die Blinddärme entfernt werden. Eine Operation im Militär steht für eine zeitlich und räumlich zusammenhängende Handlung von Kräften auf einer Seite der Kontrahenten. Achtung – die Hardthöhe ist kein Erektionsgrad, auch keine Markierung am Kleiderspind der Rekruten, sondern der Sitz des Verteidigungsministeriums. Wenn Sie jemanden im Gespräch verunsichern wollen, erzählen Sie was von Friesenmissionen. Das sind Einsätze im Norden Deutschlands. Ist natürlich Unsinn, aber eine lustig klingende, krude Behauptung.

## INTELLEKTUELLE PHRASEN

»Rommel selber hasste Sand in den Schuhen.«

»Graf von Moltke predigte seinen Soldaten gerne Disziplin – konnte aber an keinem Cognac vorbeigehen.«

»Stalingrad wäre Gandhi nie passiert.«

## ERHABENE ZITATE

»Der kleine Mann braucht keinen Krieg. Er stirbt auch von alleine.« *(Werner Mitsch)*

»Wer das Schwert nimmt, der soll durch das Schwert umkommen.« *(Bibel)*

»Das Militär ist eine Pflanze, die man sorgfältig pflegen muss, damit sie keine Früchte trägt.« (Jacques Tati)

## ENTLASTENDE KALAUER

»Bei der Marine nehmen sie nur noch Nichtschwimmer. Die verteidigen im Ernstfall die Schiffe länger.«

»Bei Erreichen der Baumspitze hat der Soldat die Kletterbewegung selbstständig einzustellen.« *(aus der ZDV, Zentrale Dienstvorschrift)*

»Gilt für Offiziere: 08/15 – 0 Ahnung, 8 Stunden Dienst, A15 Besoldung.«

## ACHTUNG, FALSCHE HASEN & PHRASEN

Der *Migränestick* ist kein Ibuprofen-Zäpfchen, das man sich bei starken Kopfschmerzen rektal einführt. Migränestick ist Bundeswehrslang für Gummiknüppel.

Der *Große Zapfenstreich* ist eine militärische Zeremonie zur Ehrung von Persönlichkeiten und kein Oberbegriff für Selbstbefriedigung.

Ein *Joint-Support-Ship* versorgt die Seeleute der Marine nicht mit Haschischzigaretten, sondern mit Ausrüstung.

## SITUATIVES PHRASELN

»Ich fahre morgen mit dem Feldzug nach Hause.«

## DER ERFUNDENE FACHBEGRIFF

*Panzerfist* – Codename für bestimmte sexuelle Vorlieben beim Bund

*Feldwedel* – Fächer für Manöver im Sommer

# 45. DIÄT

Jeder zweite Deutsche ist nach neuesten Umfragen zu dick oder sogar stark übergewichtig. Weltweit ist fast einer von drei Menschen betroffen. Kein Wunder, dass alles rund um Diäten ein garantiert gesetztes Plauderthema auf jeder Party ist. Bei der Vielfalt von Diäten ist es natürlich sehr schwierig, den Überblick zu behalten. Nicht alle erklären sich von selbst, sonst hätten Sie ja nicht Ihrer Nachbarin geraten, es »mal bei den Whale Watchern« zu versuchen: Der Verein heißt Weight Watchers – mit Walen (englisch »whale«) hat das nur so viel zu tun, als dass der eine oder andere der teilnehmenden Abnehmkandidaten so schwer ist wie ein schwangerer Pottwal. Merken Sie sich: Die Brigittediät darf auch von Gaby und Jaqueline gemacht werden. Die Frauenzeitschrift »Brigitte« hat diese Diät nur erfunden! Adipöse Menschen sind übrigens auch keine Leute, die verrückt nach Adidas-Klamotten sind. Die sind krankhaft fett – machen Sie sich also bitte nicht noch unbeliebter! Vollwertkost kann ein wichtiger Baustein zur gesunden Ernährung sein, man bekommt sie zum Beispiel im Reformhaus. Keine Angst, liebe Katholiken – da wird man beim Einkaufen nicht zum Lutheraner.

## INTELLEKTUELLE PHRASEN

»Der Untergang des römischen Reichs wurde mit der Fresssucht seiner Imperatoren besiegelt.«

»Calmund selber sieht sich ja als ein lebendes Foodexperiment.«

»Fett ist ein Geschmacksträger.«

## ERHABENE ZITATE

»Stell dir eine Welt ohne Männer vor: keine Verbrechen und lauter glückliche, dicke Frauen!« *(Nicole Hollander)*

»In Hollywood gilt man schon als dick, wenn Fußketten nicht um die Taille passen.« *(Diane Keaton)*

»Mit Kohle ist man auch als Dicker gefragt.« *(Marius Müller-Westernhagen)*

## ENTLASTENDE KALAUER

»Dicke leben zwar nicht so lange, aber dafür essen sie länger.«

»Ein Bierbauch heißt in Hamburg Holsten-Geschwür oder Astra-Pickel.«

»Fasten? Mach ich immer, wenn ich fliege: Fasten seatbelts.«

»Mein Hautarzt sammelt gern Pilze.«

## ACHTUNG, FALSCHE HASEN & PHRASEN

*Heilfasten* hat nichts mit Nazis zu tun, es ist eine Form des Fastens aus nicht religiösen Gründen und dient der Reinigung und Entschlackung des Körpers.

*Kohlenhydrate* müssen nicht in Eimern aus dem Keller geholt werden.

Aus *Ballaststoffen* kann man keine Kleidung nähen.

## SITUATIVES PHRASELN

»Hier liegt ein Verbrechen vor: Rufen Sie sofort die Spurenelemente!«

*Darmspanner* – funktioniert im Prinzip wie ein Schuh-
spanner und hält die Darmwände glatt und geschmeidig

## 46. FOTOGRAFIE

Mein Gott, war das wieder peinlich! Warum haben Sie
denn nicht Ihren Mund gehalten, als Ihr Kollege auf der
Arbeit von seiner alten Leica schwärmte? Stattdessen fa-
selten Sie etwas von »tolles Instrument« und der »russischen Seele«! Wenn Sie nur einen Funken Allgemeinbildung hätten, dann wüssten Sie, dass Leica ein berühmter
Kamerahersteller ist und nichts mit dem russischen Zupf-
instrument Balalaika zu tun hat! Aber von Fotografie haben Sie natürlich keine Checkung. Dabei ist die im Zeit-
alter digitaler Kameras ein Massenphänomen und zudem
zu einer Kunstgattung emporgestiegen. Fragen Sie mal,
was ein Foto von Gursky kostet. Nein, das ist nicht der
Hausfotograf der Spreewaldgurken-Hersteller, sondern
ein angesagter Fotograf, dessen riesige Bilder Hunderttau-
sende kosten. Wissen Sie alles nicht? Kein Problem. Dafür
sind wir ja da.

Also fangen wir mal wieder ganz von vorne an: Ein Di-
apositiv ist keine tödliche Viruserkrankung, sondern
einfach ein Lichtbild – auch Foto genannt. Wenn der
Fotograf Ihre Frau scharf stellt, müssen Sie nicht gleich
eifersüchtig werden und lospöbeln! Der Mann will auch
nicht die Brüste Ihrer Gattin operieren, wenn er eine Aus-
schnittvergrößerung empfiehlt. Damit ist ein bestimmter
Teil seines Fotos gemeint, Sie Ahnungsloser! Und Mega-

pixel sind keine riesigen Pubertätspickel, wohl aber die gebräuchliche Einheit zur Angabe der Sensor- und Bildauflösung in der Digitalfotografie. So viel vorab. Hier nun unser bildergewaltiges Listing:

## INTELLEKTUELLE PHRASEN

»Helmut Newton selber fotografierte am liebsten Hotelaufzüge.«

»Eine Rolleiflex hätte selbst Bond nicht kaputt bekommen.«

»Corbijn ist mir zu körnig.«

»Das Foto friert ja sozusagen Zeit und Raum ein. Ist das nicht eigentlich ungeheuer faszinierend?«

## ERHABENE ZITATE

»Ein gutes Foto ist ein Foto, auf das man länger als eine Sekunde schaut.« *(Henri Cartier-Bresson)*

»Das Wesen des Menschen bei der Aufnahme sichtbar zu machen, ist die höchste Kunst der Fotografie.« *(Friedrich Dürrenmatt)*

## ENTLASTENDE KALAUER

»Die roten Augen auf dem Foto sind aber vom Saufen.«

»Auf dem Foto kann man das nicht sehen, aber ich bin ja eher unterbelichtet.«

»Ein Aktfoto zeigt oft nackte Tatsachen.«

»Können Sie mal ein Gruppenfoto von mir machen?« – »Klar, stellen Sie sich schon mal im Halbkreis auf.«

*Photoshop* ist ein Bildbearbeitungsprogramm für den Computer und kein kleiner Laden, in dem extra für Sie eine Sucherkamera versteckt wird.

Um die *Brennweite* eines Objektivs zu ermitteln, müssen Sie die Bedienungsanleitung lesen und nicht das kostbare Teil im Kamin verfeuern.

**SITUATIVES PHRASELN**

»Ich sehe es wie Newton: Die ersten 10.000 Aufnahmen sind die schlechtesten.«

**DER ERFUNDENE FACHBEGRIFF**

*Depixler* – ähnlich wie eine *Anti-rote-Augen-Funktion* retuschiert er große Pickel oder Warzen auf Porträtfotos
*Diaroid* – funktionierte im Prinzip wie die Polaroid, das heißt, die Dias kamen schon gerahmt und entwickelt aus der Kamera. Wurde 1976 mangels Akzeptanz eingestellt
*Konica* – Insel, auf der besonders viele Fotografen leben
*Zony* – in der DDR bekannter Kamerahersteller
*Dia-Röh* – beschissene Fotos

## 47. DESIGN

Die Party ist im vollen Gang, und der Gastgeber bittet alle Anwesenden, sich nur vorsichtig mit dem vollen Glas Bier in der Hand auf die gute Togo zu setzen. Alle nicken verständnisvoll, nur Sie raunen Ihrer Gattin nervös zu: »Wird das hier eine Sitzprobe auf der afrikanischen Austauschstudentin?« Hilfe, sind Sie peinlich! Togo ist ein

Sofa von der Firma Ligne Roset, ein Designklassiker von Michel Ducaroy, der sogar im »Museum of Modern Art« in New York steht. Aber von Designern und berühmten Designklassikern haben Sie leider keinen Schimmer. Sollten Sie aber! Sehr gut im Smalltalk machen sich Bauhausfakten – wenn man sie richtig einsetzt: Mies van der Rohe war kein schlecht gelaunter Sushikoch, sondern ebenfalls Architekt und prägte den Minimalismus mit der Formel »Weniger ist mehr«. Er kreierte in den 30er-Jahren Designklassiker wie die MR-Freischwinger. Das waren keine Swingerclubs, sondern Stühle ohne Hinterbeine. Wenn Sie sich Möbel nicht merken können, dann vielleicht andere Designikonen? Wenn jemand von einem Ro 80 schwärmt, dann ist das keine Garstufe für Rostbeef, sondern ein Automobilklassiker der Firma NSU von 1967.

## INTELLEKTUELLE PHRASEN

»Colani selber hat zu Hause ja alles in eckig.«

»Giugiaro hat den Golf I auf einem Bierdeckel gezeichnet.«

»Design formuliert eine Syntax, um auf den Menschen zu wirken.«

## ERHABENE ZITATE

»Design ist auch das, was man nicht sieht.« *(Walter de Silva)*

»Die Form ist nicht das Ziel, sondern das Resultat.« *(Mies van der Rohe)*

## ENTLASTENDE KALAUER

»Morgens ein fester Stuhl und der Tag kann beginnen.«

»Design oder nicht sein, das ist hier die Frage!«

»Bob, der Baumeister – für mich einer der größten Designer!«

## ACHTUNG, FALSCHE HASEN & PHRASEN

Für einen *Ameisenstuhl* müssen Sie auch nicht Ihr altes Mikroskop vom Dachboden holen. Es handelt sich ebenfalls um ein Kultsitzmöbel und nicht um Insektenkot.

Das Staatliche Bauhaus wurde 1919 in Weimar nicht von Groupies, sondern von *Walter Gropius* gegründet.

## SITUATIVES PHRASELN

»Von hinten sehe ich aus wie Rhombus.«

## DER ERFUNDENE FACHBEGRIFF

*Freischwinger-Feinripphose* – extrem weite Boxershorts, die gern im Bauhaus getragen wurden

BLABLABLA

# 05
# PHRASEN DEKODIEREN.

*Sie haben an dieser Stelle bestimmt schon längst festge-*
*stellt, dass Phrasen nicht immer nur gesülzte Worthülsen*
*sind, sondern manchmal auch gezielt verhüllen wollen.*
*In diesem Fall ist die Phrase eine Verzierung, eine Ver-*
*schnörkelung, um wortreich von der Wahrheit abzulen-*
*ken. Wir finden solche Wortgirlanden häufig in Kontakt-*
*anzeigen, in Reiseprospekten, bei Maklern oder in der*
*Werbung. Als künftiger Phrasendrescher sollten Sie sol-*
*che Phrasen natürlich umgehend dekodieren und richtig*
*einordnen können. Deshalb präsentieren wir Ihnen hier*
*jetzt einmal ein paar sehr schöne Beispiele und unter-*
*scheiden Dichtung und Wahrheit. Nur so können Sie Ihre*
*Gegner später linguistisch durchschauen und verbal aus-*
*kontern. Also viel Vergnügen mit typischen Phrasen aus*
*den Fachbereichen Tourismus, Makler und Immobilien,*
*Internet, Nachrichten, Handel und Konsum – und was sie*
*wirklich bedeuten!*

## 01. TOURISMUS

»Unprätentiöses Hotel mit sehr freundlichen Betreibern.
Meerzugang möglich.«

➤ *Versiffte Absteige, die von Alkoholikern betrieben*
*wird. Steilküste ohne Bademöglichkeit.*

»Neu gebaute Hotelanlage mit guten Einkaufsmöglich-
keiten.«

➤ *Halb fertiger Rohbau im Gewerbegebiet in der Nähe*
*des Straßenstrichs.*

»Gemütlicher Campingplatz mit einfachen sanitären Anlagen und guter Verkehrsanbindung.«

➧ *Zugeschissener Trailerpark am Autobahnzubringer mit defekten Stehtoiletten und adipösen Dauercampern.*

»Gemütliche Gaststube mit solider Küche, die auch von Einheimischen frequentiert wird.«

➧ *Vergammelte Frikadellen und Soleier, Schlägereien sind an der Tagesordnung.*

»Wir haben noch ein schönes, kleines Zimmer nach hinten raus frei.«

➧ *»Das Zimmermädchen fliegt raus, und Sie können ihre Butze zum Hinterhof raus mit den Mülltonnen haben.«*

»Hausgemachtes Sülzfleisch wie bei Muttern.«

➧ *Verwesende Küchenreste in Gelatine.*

»Die kleine Kneipe ›Zur gemütlichen Ecke‹ bietet wieder ihre Spezialität, den Fleischteller ›Zyklop‹ für 7,80 € an – mit einem kleinen Pils dazu.«

➧ *Der Kneipenbesitzer hat gute Kontakte zur Freibank.*

»Naturbelassener, ruhig gelegener und feinkörniger Strand.«

➧ *Nur bei Ebbe begehbarer, scharfkantiger Kieselsteinabschnitt an der nur für Freeclimber erreichbaren Steilküste.*

»Willkommen in unserer schönen sächsischen Gemeinde, wo wir noch das alte Brauchtum pflegen. Bürgermeister Aribert Göring wird am 20.8. wieder das traditionelle Vogelschießen eröffnen. Besuchen Sie auch unser Presswurstmuseum.«

➥ *Bereits halb entvölkerte, gleißend langweilige Stadt im Osten hat einen NPD-Bürgermeister und zwei Sorten vertrocknete Wurst in einer Vitrine.*

»Folkloristischer Basar mit freundlichen Händlern und landestypischen Produkten.«

➥ *Zudringliche Taschendiebe und Kleinkriminelle versuchen, Ihnen für diverse Produkte »made in China« Ihr sauer verdientes Geld aus der Tasche zu ziehen.*

## 02. MAKLER & IMMOBILIEN

»Uriges Handwerkerhaus mit Ausbaureserve.«

➥ *Komplett abgeranzte Bruchbude ohne Dachisolierung.*

»Frisch renoviertes Einfamilienhaus in pittoresker ländlicher Umgebung.«

➥ *Hässlicher 70er-Jahre-Bau neben Schweinezuchtbetrieb. Dauerpollenflug, Scheißhausfliegen wechseln vom Kuhfladen direkt auf Ihre Erdbeertorte.*

»Exklusive, absolut ruhige Villenlage.«

➥ *Die Nachbarn sind so weit weg, dass sie keine Schüsse oder Hilferufe hören. Die Lage ist also ideal für Einbrecher, aber nicht für vermögende Hausbesitzer.*

»Schmuckstück für Schnellentschlossene.«
➤ *Absoluter Ladenhüter.*

»Gepflegte Vorstadtidylle mit netter Nachbarschaft.«
➤ *Geranien im Vorgarten und Psychopaten, die hinter den Gardinen lauern.*

»Liebhaberobjekt, vom Inhaber liebevoll restauriert.«
➤ Weil kein Geld für den Fachmann und hochwertige Materialien vorhanden war, hat der Idiot alles selber verpfuscht.

»Ideales Objekt für Handwerker.«
➤ *Das Haus ist eine halbe Ruine, und die Renovierung wird teurer als ein Komplettabriss und Neuaufbau.*

»Originelles Haus mit individueller Architektur.«
➤ *Vorsicht! Haus mit völlig verbautem Anbau am Anbau des Anbaus.*

»Urbanes Wohnen im angesagtesten Szeneviertel.«
➤ *Kneipenlärm und Gegröle bis 4.00 Uhr früh, viele Junkies vor der Haustür, nur Müll und Scherben auf dem Gehweg!*

»Altbau in zentraler Lage.«
➤ *Bruchbude mit Einfachverglasung. Extrem laut, schmutzig, in der Nähe einer vierspurigen Bundesstraße oder direkt neben dem Busbahnhof.*

»Ich habe keine Modelfigur, aber ich bin eine sinnliche Frau, die einen Mann zum Verwöhnen sucht. Gern auch Rentner.«

➧ *»100-Kilo-Wuchtbrumme sucht Lustgreis, den sie totquetschen kann.*

»Pensionierter Beamter hat das Alleinsein satt. Ich will mit dir viele Reisen unternehmen und noch so viel lernen.«

➧ *Lehrer sucht willenlose Gefährtin, die er auf todlangweiligen Museumsreisen ins Koma quatschen kann.*

»Ich habe viele Feste gefeiert und wenig ausgelassen. Jetzt möchte ich mit dir in meinem kleinen Reihenhaus zur Ruhe kommen.«

➧ *Leidlich trockener Alkoholiker sucht weibliche Pflegekraft.*

»Lebhafter Mastiff-Rüde an liebevolle Hände abzugeben.«

➧ *Zur Raserei neigender Kampfhund an anderen Zuhälter zu verticken.*

»Sonnenfreund sucht Sonnenfreundin für Campingurlaub.«

➧ *Notorischer Schniepelvorzeiger sucht Nudistin für FKK-Ferien.*

»Ich liebe Körperschmuck und ein unkonventionelles Leben. Vielleicht mit dir?«

➠ *Komplett zutätowierte Wahnsinnige sucht ebensolchen.*


»Ich liebe Kunst, die Oper und gute Gespräche, die ich gern mit dir (bitte Foto) führen würde.«

➠ *Hässlicher Zeit-Leser sucht hübsche Frau oder Masturbationsvorlage.*


»Ich bin Katzenallergiker. Wer nimmt meinen gemütlichen Freddie?«

➠ *Verfetteter, feister Stubentiger mit Hüftgelenkdysplasie sucht einsame Schabracke, der er das Katzenklo vollsemmeln kann.*


»Original-Playmobil-Ritterburg, gut erhalten, zu verkaufen.«

➠ *Von kleinen, sadistischen Rohlingen willentlich bis auf die Grundmauern geschliffene Burgruine. Praktisch unbespielbar.*


## 04. NACHRICHTEN

»Wir alle kennen und schätzen ihn als zuverlässigen und aufrichtigen Parteifreund. Wir sollten jetzt nicht vorschnell urteilen, sondern den Untersuchungsausschuss in Ruhe seine Arbeit machen lassen.«

➠ *Der miese Sack hat gelogen, betrogen und jede Menge Dreck am Stecken. Aber solange nichts bewiesen werden kann, werden wir stillhalten.*

»Bei einer Kneipenschlägerei wurde der aus Ghana stammende Asylbewerber Owombo P. verletzt. Die Polizei schließt nach umfangreichen Ermittlungen einen rechtsradikalen Hintergrund aus.«

➤ *Vier stadtbekannte Skinheads in Hakenkreuz-T-Shirts traten grundlos einen wehrlosen Farbigen zusammen.*

»Tolle Stimmung beim AWO-Karneval mit Stargast Mike Stardust.«

➤ *Komatöses Besäufnis mit Schlagermusik von einem Hirni, den eigentlich kein Arsch kennt.*

»Der Präsident sowie der gesamte Sportvorstand stehen geschlossen hinter dem Trainer.«

➤ *Morgen wird der erfolglose Schwachkopf auf jeden Fall entlassen.*

»Nie und zu keinem Zeitpunkt habe ich lukrative finanzielle Nebeneinkünfte vor dem Fiskus verheimlicht.«

➤ *Ich habe die Kohle stapelweise mit der Schubkarre in die Schweiz gebracht und gebunkert.*

»Auch der Bürgermeister freute sich im Kreise der Senioren bei einer Tasse Kaffee über die gebastelten Geschenke aus Kastanien.«

➤ *Der zwanzigminütige Besuch im Altenheim ging ihm voll auf die Nüsse, und die Scheißgeschenke wurden draußen im Mülleimer sofort entsorgt.*

»Wir alle kennen und schätzen ihn als zuverlässigen und aufrichtigen Parteifreund. Wir sollten jetzt nicht vorschnell urteilen, sondern den Untersuchungsausschuss in Ruhe seine Arbeit machen lassen.«

➤ *Der miese Sack hat gelogen, betrogen und jede Menge Dreck am Stecken. Aber solange nichts bewiesen werden kann, werden wir stillhalten.*

»Der Minister hat das volle Vertrauen der Bundeskanzlerin.«

➤ *Der Typ ist politisch komplett erledigt und kriegt bei Angie kein Bein mehr an die Erde.*

»Sollte ich mit diesem Verhalten irgendjemanden verletzt haben, so bedaure ich das zutiefst und bitte um Entschuldigung.«

➤ *Ist mir doch scheißegal, und ich bedaure gar nichts, ihr Penner.*

»Das Konzert im gut gefüllten Kurhaussaal kam bei allen Beteiligten sichtlich gut an.«

➤ *Vierzig Leute verirrten sich in den riesigen Saal und waren froh, als der Mist endlich zu Ende war.*

»Der Vorstand gab erst mal Entwarnung und betonte, dass betriebsbedingte Kündigungen vorerst ausgeschlossen werden.«

➤ *In zwei Monaten wird die Bude dichtgemacht, Insolvenz angemeldet und alle Mitarbeiter entlassen.*

»38 bitte 76.«

➲ *Ich muss dringend auf den Lokus – wer macht für mich an der Kasse weiter?*

»Der Wagen ist gerade mal 10.000 gelaufen!«

➲ *Nachdem die Tachoanzeige vor einem Monat um 220.000 Kilometer zurückgedreht wurde.*

»Leckeres Fruchtsaftgetränk mit natürlichen Aromen aus Floridaorangen.«

➲ *Miese Zuckerplörre, die in einer Fabrik zufällig neben verfaulten Orangenschalen gelagert wurde.*

»Fangfrisches Pangasius-Fischfilet.«

➲ *Pangasius, auch das Schwein der Meere genannt. Wurde vor sechs Wochen in Vietnam aus dem verkoteten Schlamm eines Zuchtbetriebs gekeschert, schockgefroren und um die halbe Welt geflogen.*

»Heute im Angebot von unserer Frischwursttheke: Grobe Landmettwurst, 100 Gramm nur 69 Cent.«

➲ *Sägespäne, Innereien und Fettabfälle zusammengefegt und in einen Naturdarm gepresst.*

»Da werden Sie nicht lange Freude dran haben, nehmen Sie lieber den Teuren.«

➲ *Der Billigere ist genauso gut, aber an dem verdienen wir nix.*

»Unser Betrieb garantiert familienfreundliches Arbeiten in entspannter Atmosphäre.«

➡ *Überstunden sind an der Tagesordnung, und wer am Wochenende nicht einspringt, wird erbarmungslos gemobbt.*

»Meine Kollegin kommt gleich.«

➡ *Sie stehen noch eine weitere halbe Stunde doof rum, ohne dass sich einer Ihrer Probleme annimmt.*

»Das kostet zwar ein paar Euro mehr, aber ich verkaufe das seit fünfundzwanzig Jahren und habe nie Reklamationen gehabt.«

➡ *Weil das Teil immer erst zuverlässig nach der Garantiezeit kaputtgeht.*

»Da sind Sie aber der Erste, dem das passiert.«

➡ *Die anderen hundert nicht mitgezählt.*

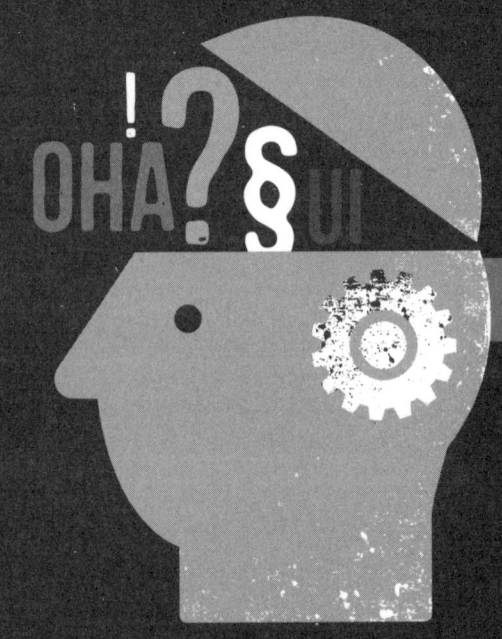

# 06
# DIE ULTIMATIVEN PSYCHOTESTS.

## SIND SIE EIN GUTER GESPRÄCHSPARTNER?

*Sülzen ist die hohe Kunst. Wer sich an diese Disziplin wagt, der sollte unbedingt die Grundlagen der Gesprächsführung beherrschen. Mal sehen, wie das bei Ihnen so aussieht. Kreuzen Sie an, welche Antwort Ihnen jeweils zusagt, zählen Sie Ihre Punkte zusammen, und schon wissen Sie, wo Sie in Sachen Kommunikationskompetenz stehen. Und anschließend können Sie dann einen finalen Test machen und checken, ob Sie ein guter Phrasendrescher sind.*

Beantworten Sie nun alle Fragen, und zählen Sie dann Ihre Punkte zusammen. Los geht's:

### 01. KÖNNEN SIE GUT ZUHÖREN?

a) Ja. 2 Punkte

b) Manchmal. 3 Punkte

c) Wie war gleich noch mal die Frage? 0 Punkte

### 02. LASSEN SIE IHRE GESPRÄCHSPARTNER AUSR...?

a) ... ja, doch. 1 Punkt

b) Wenn sie keinen Schrott reden. 0 Punkte

c) Aus ... was? 0 Punkte

### 03. DEFINIEREN SIE KOMMUNIKATION!

a) Gegenseitige Unterhaltung. 2 Punkte

b) Quatschen. 2 Punkte

c) Ich rede, der Rest hält die Fresse. 0 Punkte

## 04. WERDEN SIE AUCH MAL LAUT?

a) Selten. 2 Punkte

b) Nö. 4 Punkte

c) WAS SOLL DIE DÄMLICHE UNTERSTELLUNG? 1 Punkt

## 05. VERVOLLSTÄNDIGEN SIE DIESEN SATZ:

*Die Meinung anderer ...*

a) Ist mir wichtig. 2 Punkte

b) Kann gelegentlich auch mal gelten. 1 Punkt

c) Geht mir so was von am Arsch vorbei. 0 Punkte

## 06. WENN MICH JEMAND UNTERBRICHT, DANN ...

a) Lasse ich das ein paar Mal zu, ehe ich 2 Punkte
dezent protestiere.

b) Brülle ich sofort los. 0 Punkte

c) Schlage ich ohne Vorwarnung zu. -1 Punkt

## 07. EIN GESPRÄCH AUF EINER PARTY LANGWEILT SIE. MIT WELCHER FORMULIERUNG ZIEHEN SIE SICH AUS DER AFFÄRE? VERVOLLSTÄNDIGEN SIE DEN FOLGENDEN SATZ:

*Oh, sorry. Ich kann mit Ihnen leider nicht*
*weiterreden, weil ...*

a) ... ich da gerade einen guten Bekannten sehe, 3 Punkte
den ich unbedingt begrüßen muss.

b) ... ich dringend groß muss. -1 Punkt

c) ... Sie totalen Schrott reden. 0 Punkte

## 08. WANN HABEN SIE DAS LETZTE MAL EIN RICHTIG GUTES GESPRÄCH GEFÜHRT?

a) Friseur.                              1 Punkt

b) Mündliches Abi.                       0 Punkte

c) Polizeiverhör.                        0 Punkte

## 09. SPRECHEN SIE EHER IN HAUPTSÄTZEN ODER IN SATZGEFÜGEN?

a) Ja.                                   0 Punkte

b) Beides.                               8 Punkte

c) Nichts von beiden.                    0 Punkte

## 10. NEIGEN SIE ZUR AUSFÜHRLICHEN REDE?

a) Jo.                                   2 Punkte

b) Nö.                                   1 Punkt

c) Aber hallo. Hin und wieder erzähle ich   81 Punkte
schon gern mal einen vom Pferd. Mein Motto:
»Lorge dich nicht. Sebe!« Ist Unsinn, ich weiß.
Aber es klingt gut, oder?

## 11. ERGÄNZEN SIE DIESEN SATZ:

*Wenn Schweigen Gold ist, dann ist Reden ...*

a) Pappe.                                0 Punkte

b) Schweden-Porno.                       0 Punkte

c) Silber.                               4 Punkte

## 12. WAS IST – GRAMMATISCH GESEHEN – DIE RICHTIGE ANTWORT AUF DIESE FRAGE: WEM IST DER MOTORRAD?

a) Ich.                                  0 Punkte

b) Ihm seins.                            0 Punkte

c) Mir.                                  1 Punkt

## 13. MIT WELCHEN WORTEN FORDERT MAN EINE DAME ZUM TANZ AUF?

a) Darf ich betteln? 0 Punkte

b) Wollen wir zucken? 1 Punkt

c) Zu mir oder erst auf die Tanzfläche? 3 Punkte

## 14. SIE BEGEGNEN AUF EINER FEIER EINEM ALTEN SCHULFREUND. DER SAGT: »MENSCH, ICH WEISS, ICH KENNE DICH, ABER MIR FÄLLT DEIN NAME ABSOLUT NICHT MEHR EIN.« WAS ANTWORTEN SIE?

a) Ich bin dein Bruder. 1 Punkt

b) Spongebob. 0 Punkte

c) Ich bin der, dessen Name nicht genannt 4 Punkte
werden darf.

## 15. JEMAND VERLIERT IN EINEM LANGATMIGEN GESPRÄCH MIT IHNEN DEN FADEN UND FRAGT: »ÄH, WO WAR ICH STEHEN GEBLIEBEN?« WAS ANTWORTEN SIE?

a) Auf meinem Fuß. 0 Punkte

b) Sie führten gerade Ihren Hund und außerdem
aus, dass ... 1 Punkt

c) Weiß nicht. Ich höre Ihnen schon seit 0 Punkte
15 Minuten nicht mehr zu.

## 16. VERVOLLSTÄNDIGEN SIE DIESEN SATZ:

*Ich bin nicht Ihrer Meinung, aber ich finde ...*

a) ... es wichtig, sie mir anzuhören. 10 Punkte

b) ... dass Sie sie für sich behalten sollten. 0 Punkte

c) ... dass Sie eine schöne Stimme haben. 4 Punkte

## 17. IN WELCHER DER FOLGENDEN FORMULIERUNGEN FINDEN SIE SICH WIEDER?

a) Erst schießen, dann fragen!    0 Punkte

b) Es kann nur einen geben!    0 Punkte

c) Seid umschlungen Millionen!    23 Punkte

## 18. WELCHE DER FOLGENDEN SPRACHFIGUREN BENUTZEN SIE HÄUFIG?

a) Alliteration.    1 Punkt

b) Paradoxon.    3 Punkte

c) Einspritzpumpe.    0 Punkte

## 19. JEMAND LISPELT STARK. WIE REAGIEREN SIE?

a) Ich sage: »Vorsicht, Ihre Zunge will weg!«    0 Punkte

b) Ich ignoriere das.    42 Punkte

c) Ich lispele ebenfalls. Aber viel stärker, damit    2 Punkte
mein Gegenüber ein gutes Gefühl hat.

## 20. SIE SIND AUF EINEM CAMPINGPLATZ. EIN MANN NEBEN IHNEN WILL OFFENBAR KONTAKT AUFNEHMEN UND NÄHERT SICH. WIE REAGIEREN SIE?

a) Ich spreche Tschetschenisch und säubere mir    0 Punkte
dabei die Fingernägel mit einem Klappmesser.

b) Ich halte einen Zettel hoch, auf dem steht:    0 Punkte
»Bin taubstumm.«

c) Ich besauf mich umgehend mit der    3 Punkte
Plaudertasche.

## 21. WELCHE WENDUNG ERSCHEINT IHNEN ANGEMESSEN, UM JEMANDEN ZU UNTERBRECHEN, DER LANGE REDET?

a) Fresse jetzt.    0 Punkte

b) Darf ich auch mal was sagen?    4 Punkte

c) Ruhe oder ich mach dich Messer.    0 Punkte

## 22. JEMAND STOTTERT IN EINEM GESPRÄCH MIT IHNEN. WIE REAGIEREN SIE?

a) Ich mache parallel dazu passende, zuckende Bewegungen. — 0 Punkte

b) Ich bleibe vollkommen ruhig. — 6 Punkte

c) Ich sage: »Meister, Ihr Laufwerk hakt.« — 0 Punkte

## 23. SPRECHEN SIE GRUNDSÄTZLICH GERN MIT ANDEREN MENSCHEN?

a) Nein, lieber mit meinem Hund. — 0 Punkte

b) Wenn sie gut aussehen. — 0 Punkte

c) Beides. — 4 Punkte

## 24. WELCHEN GROSSEN REDNER BEWUNDERN SIE?

a) Darth Vader. — 0 Punkte

b) Mr. Bean. — 0 Punkte

c) Boris Becker. — 2 Punkte

# DIE AUSWERTUNG

## 0 BIS 5 PUNKTE

Ihre kommunikative Kompetenz liegt knapp über der einer Seegurke. Da ist noch deutlich Luft nach oben. Lernen Sie unsere Phrasen auswendig, und üben Sie. Seien Sie vor allem freundlicher, verdammte Scheiße.

## 10 BIS 20 PUNKTE

Sie sind etwas maulfaul und beileibe noch kein Talkmaster, aber auf dem richtigen Weg. Mit etwas Übung und unseren Phrasen im Gepäck können Sie in Kürze als einigermaßen angenehmer Gesprächspartner durchgehen.

## 21 UND MEHR PUNKTE

Wow, Sie sind ja eine echte Plaudertasche und ein Meister der Kommunikation. Ihre Stärken liegen besonders im zwischenmenschlichen Bereich. Verbal kann Ihnen keiner was. Ihre erogene Zone ist der Mund. Böse formuliert sind Sie ein Mensch, nach dessen Ableben man das Maul noch extra totschlagen muss.

# SIND SIE EIN GUTER PHRASENDRESCHER?

*Alle Achtung! Sie haben sich wacker durch dieses Buch gekämpft. Haben gepaukt, auswendig gelernt und sich fest vorgenommen, in den nächsten Wochen Ihr neues Wissen unters Volk zu bringen. Smart, geistreich, charmant, eloquent oder auch mal scharfzüngig intellektuell. Damit die Phrase »Übung macht den Meister« ihre Gültigkeit behält, wollen wir als verantwortungsbewusste Autoren Ihnen zum Abschluss die Gelegenheit geben, mit diesem großen Test als smarter Top-Checker und Phrasendrescher durchzustarten.*

Beantworten Sie bitte alle Fragen und zählen Sie am Ende Ihre Punkte zusammen. Los geht's:

**01.** **Bei einer Weinverkostung im Feinschmeckerrestaurant werden Sie als Letzter gebeten, Ihr Urteil über einen sehr teuren Rotwein abzugeben. Der Wein schmeckt Ihnen überhaupt nicht, Sie trinken selber nur Bier, und alle Vorredner waren voll des Lobes über den Wein. Was sagen Sie?**

➤ *Sie nehmen einen Schluck, spucken ihn unter großem Gehuste und Getöse Ihrem Tischpartner rotzend ins Glas und sagen: ekelhaft. Feucht im Schritt, pelzig im Abgang – was ist das für eine miese Plörre? Chateau Domestos?* 8 Punkte

🍷 *Sie trinken das Glas auf ex, rülpsen laut und nehmen noch ein tiefen Schluck aus der Flasche. Dann sagen Sie: Nicht schlecht, Herr Specht – der kann was am Querbalken! Wie viel Umdrehungen hat der denn?*

12 Punkte

🍷 *Sie heben das Glas, betrachten die Farbe des Weins mit Kennermiene. Dann probieren Sie einen Schluck, ziehen dazu Luft durch die Lippen und kauen alles mit geschlossenen Augen genüsslich durch. Dann stellen Sie bedächtig das Glas ab und sagen: ein herrlicher Tropfen! Wein saufen ist Sünde, Wein trinken ist beten. Lasset uns beten!* 3 Punkte

**02.** Sie sitzen im Flugzeug und lesen Zeitung. Plötzlich greift Ihnen Ihre äußerst attraktive Sitznachbarin mit rotlackierten Fingernägeln zärtlich in den Schritt. Wie reagieren Sie?

🍷 *Sie gucken stur geradeaus und sagen mit fester Stimme: Nehmen Sie bitte Ihre Hand da weg, ich zähle bis 800!* 12 Punkte

🍷 *Sie schauen aus dem Fenster, legen die Zeitung weg und murmeln leise: Was nützen mir deine Worte, du würdest mich lieben, wenn es sich nie so anfühlt?*

1,5 Punkte

🍷 *Sie falten die Zeitung zusammen, legen sie über ihren Schoß und raunen der Frau ins Ohr: Es liegt nicht an Ihnen – Napoleon hat recht – der sichere Weg zur Impotenz ist die eheliche Treue!* 6 Punkte

**03.** Bei einer Stammtischdiskussion wird gestritten, welche Band für die Entwicklung der Rockmusik richtungsweisend war: die Beatles oder die Rolling Stones. Dumm nur, dass Sie sich für Popmusik nicht interessieren. Als Ihre Meinung gefragt ist, erklären Sie lakonisch:

❯ *Mein Lieblings-Beatle ist und bleibt Keith Richards. Einen besseren Saxofonisten hat es nie gegeben.* 5 Punkte

❯ *Sie schweigen ehrfurchtgebietend, ziehen hörbar Luft durch die Nase und schnauben verächtlich: »Ich hab' die Penner nie gemocht.«* 11 Punkte

❯ *Sie lächeln gütig und sagen bestimmt: Sicher ist »Exile on main street« ein vorzügliches Rockalbum und das »Weiße Album« war stilbildend für das gesamte Genre. Aber um es frei nach Gioachino Rossini zu sagen: Die Stones haben wundervolle Momente, aber schlechte Viertelstunden in ihrer Musik.* 3 Punkte

**04.** Bei der goldenen Hochzeit Ihrer Schwiegereltern werden Sie gebeten, sich mit einem schönen Spruch im Gästebuch zu verewigen. Sie schreiben:

❯ *Schwiegervater, ich muss so oft an Dich denken: Verheiratete Männer leben zwar länger als nicht verheiratete, wollen aber eher sterben.* 10,5 Punkte

➤ *Victor Hugo hat bestimmt an Euch gedacht, als er diese Zeilen schrieb: Es gibt nichts Schöneres, als geliebt zu werden, geliebt um seiner selbst willen oder vielmehr trotz seiner selbst.* 2 Punkte

➤ *Liebe Schwiegermutter, ich ziehe meinen Hut: Viele Menschen müssen mit Enttäuschungen leben, aber Du hast sogar mit Deiner geschlafen.* 4,5 Punkte

**05.** Sie kommen mit Ihrer Familie und Ihrem nagelneuen Mercedes ML63 AMG von der Jungfernfahrt. Ihr Nachbar steht draußen mit seiner Gattin und kommentiert den Wagen mit den Worten: »Den könnten Sie mir schenken, den wollte ich nicht haben!« Sie entgegnen gelassen:

➤ *Glauben Sie mir: Ich bin selber todunglücklich! Ich habe mir die Hacken nach so einem alten Ford Focus in umbrametallic wie Sie ihn haben abgelaufen – aber die meisten sind noch gammeliger als Ihrer.* 8 Punkte

➤ *Ich habe heute schon zu Ihrer Frau gesagt: »Wenn Ihr Mann Ihnen auf den Wecker geht, bringen Sie ihn einfach zu Peugeot, da kriegen Sie zurzeit 5000 € für Ihren Alten!«* 6 Punkte

➤ *Vielen Dank. Wissen Sie, Mitleid bekommt man geschenkt, Neid muss man sich verdienen.* 3,5 Punkte

**06.** Sie spielen mit einer großen Freundesrunde »Stadt, Land, Fluss«. Die Frau Ihres Freundes schreibt bei Land mit »H« Holland auf. Wie reagieren Sie?

🢒 *Sie lachen, geben ihr 10 Punkte, schenken noch mal Sekt nach und sagen charmant: Der Klügere kippt nach!* 2 Punkte

🢒 *Natürlich hast du recht! Übrigens, ich habe gerade zwei Minuten Zeit – sag' mir alles, was du weißt.*
7,5 Punkte

🢒 *Sie zitieren Oscar Wilde: Gesegnet seien jene, die nichts zu sagen haben und den Mund halten.* 12 Punkte

**07.** Bei einer Thermomix-Präsentation fragt Sie die Gastgeberin mit leichtem Entsetzen in der Stimme: »Sag mal, hast du zugenommen?« Was entgegnen Sie?

🢒 *Hast du dir aus Spanien diese wunderbare Orangenhaut mitgebracht?* 10 Punkte

🢒 *Schöne Kette hast du da! Eines muss man deinem Mann ja lassen: Er ist zwar nicht treu, aber großzügig!*
9 Punkte

🢒 *Ja, und zwar ganz bewusst im Sinne von Tucholsky – dick sein ist keine physiologische Eigenschaft, das ist eine Weltanschauung.* 1 Punkt

**08.** Nach dem Kinobesuch mit ein paar guten Freunden entbrennt eine lebhafte Diskussion über die Unterschiede zwischen französischen Filmen und Hollywoodstreifen. Sie haben keine Ahnung, wollen aber trotzdem auch etwas Kluges sagen. Nur was?

➤ *Nicht überall, wo 00 dransteht, ist auch James Bond drin.* 5 Punkte

➤ *Kate Blanchett? Von der haben wir doch diesen leckeren Weißwein zu Hause?* 11 Punkte

➤ *Ich sehe da keine großen Unterschiede ... wie sagte schon Jean-Luc Godard: Alles, was man für einen Film braucht, ist ein Revolver und ein Mädchen.* 0,5 Punkte

**09.** Nach der Abiturientenentlassung äußert sich der Vater einer Schulkameradin Ihrer Tochter herablassend über den Sinn von Allgemeinbildung in Zeiten von Wikipedia. Nach reiflicher Überlegung antworten Sie:

➤ *Wikipedia? Zu meiner Zeit hieß das noch Wiki und die Starken Männer!* 12 Punkte

➤ *Was ist eine Blondine zwischen zwei Brünetten? Eine Bildungslücke!* 8,5 Punkte

➤ *Moment – wie stehen Sie dann zu Franz von Holtzendorf? Ich sage nur: Gefährlich wird die Halbbildung erst dann, wenn sie ihre eigene Natur als Bruchteil ver-*

*kennt und sich hochmütig einbildet, bereits Bildung ge-*
*worden zu sein.* 0 Punkte

**10.** Sie sind mit Ihrem Partner im Theater und schau-
en sich »Die Dreigroschenoper« von Brecht an. Weil Sie
die Handlung nicht so richtig mitbekommen, flüstern Sie
fragend Ihrem Partner ins Ohr. Darüber beschwert sich
lautstark ein älterer Mann vor Ihnen und guckt Sie dabei
verärgert an. Wie schlichten Sie die Situation?

➤ *Was guckst du mich so dämlich an, Alter? Bist wohl
der Dreigroschen-Opa persönlich, oder was? Noch so 'n
Spruch, Kieferbruch!* 12 Punkte plus 1 Bonuspunkt

➤ *Sie sagen beruhigend: Entschuldigung, ich habe erst
später eingeschaltet – wer ist denn jetzt dieser Brecht,
oder ist das mehr als Imperativ gemeint?* 11 Punkte

➤ *Ihre Aggressivität gefällt mir nicht. Was glauben Sie,
wer Sie sind? Shakespeares Richard der Dritte? Dann
lauschet: Die Welt ist so verdorben, Zaunkönige hau-
sen, wo es einst kein Adler wagte.* 1 Punkt

# AUFLÖSUNG

## 222 BIS 555 PUNKTE

Um Himmels willen, haben Sie denn gar nichts verstanden? Sie sind ein komplettes Intelligenzvakuum und eine peinliche Nullnummer in jeder Plauderrunde. Ihre Unfähigkeit, sich auf gesellschaftlichem Parkett auch nur annähernd vernünftig zu einem Thema zu artikulieren, ist wirklich erstaunlich. Ein Linguistikexperte diagnostiziert in Ihrem Fall akute Logorrhö. Bis Sie nicht wenigstens das Buch auswendig gelernt haben schweigen Sie bitte in der Öffentlichkeit. Obwohl – es kann natürlich auch sein, dass Sie als alter, erfahrener Psychotester ohne groß nachzudenken einfach die Antworten mit der größten Punktezahl angekreuzt haben, um das beste Testergebnis einzufahren. Das kennen Sie noch aus der Zeit, als Sie sich erfolgreich durch den großen Test »Sind Sie ein sexy Typ?« aus der Frauenzeitschrift Ihrer Mutter durchgemogelt haben – denn in diesen Illustrierten gewinnt immer die höchste Punktezahl oder der Buchstabe »A« beim großen Psychotest. Da haben Sie hier leider Pech gehabt, und Ihre vermeintliche Cleverness offenbart sich als bornierte Überheblichkeit. Also, werden Sie endlich vernünftig und wiederholen Sie den Test so lange, bis Sie ein respektabler Phrasendrescher geworden sind.

## 50 BIS 151 PUNKTE

Ja, das sieht doch gar nicht so schlecht aus. Das ist immerhin ein passables Ergebnis. Sie sind also auf dem richtigen Weg. Sie fangen an zu lernen, wie man sich geschickt labernd mit ordentlichem Halbwissen Respekt verschafft und mit der richtigen Phrase lästige Gegenfragen abwürgt. Doch Obacht – werden Sie nicht zu selbstgefällig, nur weil Sie manchmal einen verbalen Treffer landen. Denn oft genug fallen Sie leider in alte Gewohnheiten zurück und labern Schwachsinn. Ihnen fehlt noch die nötige Souveränität, Sie lassen sich noch viel zu oft von Ihren Gefühlen aus der Sülzbahn bringen. Top-Phrasendrescher sind aber kälter als eiskalt und Meister des kontrollierten Laberkonters. Unser Tipp: Das Buch noch einmal kaufen und durchlesen. Dann müsste es eigentlich mit der richtigen Punktezahl klappen.

## 0 BIS 49,5 PUNKTE

Die Frage, die sich stellt: Wissen Sie wirklich, wie der Mann von Welt sülzt, oder haben Sie schlicht gemogelt und absichtlich die Antworten mit der geringsten Punktezahl angekreuzt, um mit dem Ergebnis anzugeben? Das ist zwar für einen flüchtigen Augenblick eine Lösung, aber auf Dauer werden Sie nicht bestehen. Assimiliertes Wissen kann kognitives Lernen nicht ersetzen. Das merken Sie spätestens jetzt, wenn Sie »assimiliert« und »kognitiv« googeln. Die andere Variante: Sie sind nach der Lektüre dieses lehrreichen Buches wirklich ein Top-Checker und smarter Phrasendrescher geworden. Eloquent, gebildet und schlagfertig. Witzig, humorvoll und jederzeit inspiriert. Es gibt keine Lauer, auf der Sie nicht liegen. Es gibt kein Smalltalk-Thema, das Sie nicht bedienen können. Ihr gutes Allgemeinwissen – gepaart mit rudimentären Basisinformationen in nahezu allen sülzrelevanten

Plauderthemen – macht Sie zur rhetorischen Ballmaschine. Sie wissen instinktiv, wie man auf jede Situation mit der angemessenen Phrase reagiert, und stehen zu Recht am Anfang der Nahrungskette. Bravo! So sülzt der Mann von Welt.

# ZU GUTER LETZT: EINE WARNUNG

*Wir sind jetzt so schön drin im Phraseln, dass es abschließend Zeit für eine kleine Warnung ist. Man kann in der Welt der Allgemeinplätze und Floskeln auch ganz schön was durcheinanderbringen. Diese Phrasen hier sollten Sie besser nicht benutzen. Da ist was verrutscht:*

»Ich hab Feuer geleckt.«

»Du darfst jetzt nicht den Sand in den Kopf stecken.«

»Das schlägt dem Fass die Krone ins Gesicht!«

»Der Blinde ist unter den Seligen der Nehmer!«

»Ich streue Asche auf mein Haus.«

»Du solltest dir mal an deine eigene Phrase fassen.«

»Bleich doch mal auf dem Schlauch!«

»Kapier ich nicht: Ich steh auf dem Teppich.«

»Unterkante Oberwasser.«

»Der stellt sich doch selber ein Arschkartenzeugnis aus!«

»Den hab ich aber auf den Zopf gesetzt!«

»Der beißt bei mir auf Graphit.«

»Man soll aus seinem Herzen keine Sickergrube machen.«

»Nun lass doch mal die Kirsche im Dorf!«

»Der Film war so traurig: Ich hatte die ganze Zeit einen Klotz im Hals.«

»Erster Gang ist aller Laster Anfang.«

»Der nimmt kein' Bart vor den Mund.«

»Das hat er so aus dem Nähkästchen geschüttelt.«

»Das kannst du mir nicht auf die Narbe binden.«

»Da beißt die Maut keinen Faden ab.«

»Der twittert ja wie Espenlaub!«

»Der kommt vom Hundertsten in die Traufe.«

»Man kann so was doch nicht übers Ohr brechen.«

»Ich kenne meine Pappenstile.«

»Mappe zu, Affe tot.«

»Das ist doch eine eierlegende Milchmädchenrechnung, du Sau!«

»Er hat mir den Fausthandschuh vor die Füße geworfen.«

»Der arme Hund hat bei uns sein Fladenbrot bekommen.«

»Beim Fisch stellt sich stets die Grätchenfrage!«

»Dafür lege ich Hand und Fuß ins Feuer.«

»Der findet aber auch immer eine Taube auf dem Dach.«

»Der hat doch 'n Sprung in der Spendierhose.«

»Das Schindluder treibt es mit jedem.«

»Das breitet sich ja wie ein Laufpass aus.«»

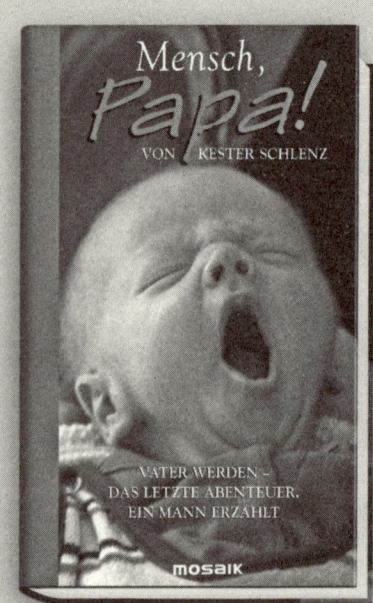